潮联学校
CHAOLIAN SCHOOL

建一所理想的学校

珠海潮联学校创校口述史

余志君 等 / 著

中国文联出版社

图书在版编目（CIP）数据

建一所理想的学校：珠海潮联学校创校口述史 / 余志君 等著. — 北京：中国文联出版社，2022.10
ISBN 978-7-5190-4974-4

Ⅰ. ①建… Ⅱ. ①余… Ⅲ. ①珠海潮联学校－校史 Ⅳ. ①G629.286.53

中国版本图书馆CIP数据核字（2022）第178011号

著　　者　余志君 等
责任编辑　刘　旭
责任校对　秀点校对
装帧设计　刘贝贝　李　娜

出版发行　中国文联出版社有限公司
社　　址　北京市朝阳区农展馆南里10号　　邮编　100125
电　　话　010-85923025（发行部）　010-85923091（总编室）
经　　销　全国新华书店等
印　　刷　北京四海锦诚印刷技术有限公司

开　　本　710毫米×1000毫米　　1/16
印　　张　12.5
字　　数　162千字
版　　次　2022年10月第1版第1次印刷
定　　价　58.00元

珠海潮联学校

珠海潮联会捐建并关心潮联学校发展

潮联学校创校首年教师全家福（2019）

潮联学校创校次年教师全家福（2020）

潮联学校首届航海节（2019）

潮联学校2周岁暨第三期卓越教师成长营合影（2021）

潮联学校创校校长余志君

前言

FOREWORD

2018年夏，我受命筹建一所新学校。站在珠海市香洲区闹市中的那片校址空地上，我一遍遍问自己：我将办一所怎样的学校？作为创校的首任校长，我要为学校设定怎样的理念，打下怎样的底色？而这些问题的原点，在于如何看待我们教育的目的。

一

教育的目的是什么？我的教育生涯始终伴随着课程与教学的改革，对教育目的是什么的探问和追索也随着每一个阶段的改革而深入。

20世纪80年代后期，我任职之初的江西省景德镇市第十二小学已经有着活跃的教改氛围。有一位语文教师参与教材实验，她的学生从一年级就完全使用北京景山小学研制的教材。17岁的我被视为教改苗子，从1988年春季学期开始参与一项全国性的语文整体性教育改革实验，这让我每年有机会前往上海、南京、武汉等地听课学习，见识到当时教改前沿的新动向，感受到颁布《中共中央关于教育体制改革的决定》（1985）以来全国教育改革实验的一轮高潮。我参与的教改实验持续到学生五年级毕业，这当中我每年都通过汇报课或主题研讨呈现我对课堂的研究与探索。我由衷地赞同在上海和南京的小学语文课堂上看到的教师们普遍采用的情境教学，反复研读父亲在上海书店买回的《小学语文怎样教》丛书中李吉林老师撰写的篇章，悉心揣摩模仿，精心设计课堂情境与师生活动，推出各种课型的公开课。例如低年级的说话课，我让课堂变成一家玩具店，陈列我从母亲幼儿园借来的大量玩具，师生轮替扮演售货员、顾客，在模拟真实生活的情境中进行对话交流。“说话训练课”直到2001年语文课程标准出台才发展成为“口语交际课”，我在20世纪80年代末的探索显然走在前面。又如学习杜甫的《绝句》，我亲手绘制了层叠覆盖式的幻灯片，学生借助幻灯片营造的情境理解“窗含西岭千秋雪，门泊东吴万里船”的意境。我还与同事们围绕杨万里的《小池》探索整体性教学，我的语文课以诵读、音乐、简笔画创设情境，帮助学生理解通常的荷叶圆圆何以会有“小荷才露尖尖角”之状，科学教师延伸教学“叶的种类”，美术教师以“荷与蜻蜓”为主题指导国画创作。17岁成为教师的我从一开始就进入教改的车道，站在了一个活力无限的教改平台上。我认为，教育的目的是解放思想观念，解放关于教材、关于教法、关于教程的所有固有的看法做法，是赋予所有教师如何教的自由与热情，是唤起所有学生如何学的兴趣与自主。

1992年夏我的实验班毕业，我去了海南的一所民办学校。1994年，我以《荷花》一课获得海南省中青年语文教师阅读教学现场赛课一等奖，由民办学校重新进入公立系统，先后任教于海口市教育局直属的海口市第十一小学、海口市第九小学，2005年出任隶属龙华区的海口市第二十六小学校长。回首海岛15载，椰风海韵烈日红土质朴迷人深深烙进我的青春，然而1988年才建省的海南岛经济基础差、文化落后，教育事业相比内地有着明显差距，即便我参加省市各种教师竞赛都能获胜也难掩怅然四顾的失落。幸运的是伴随世纪更迭，我和海南岛一起迎来国家新一轮基础教育课程改革，我在岛上亲历了课改，在课改的推进中得到锻炼和成长。我与同事以极大的热情与探索精神持续开发适合小学生的综合性学习课程，从海口九小的“我们身边的椰子树”“海南岛上的黎家人”到海口二十六小的“青青木棉”，这些课程努力让学校教育回归与生活的关联、统整、融通。2004年我入驻新思考网的“成长博客”，“上博客做教研”带来一种全新的观念和状态，我和老师们在拥抱网络教研的过程中构建起一种全新的专业生活方式和教师文化。我主持了海南省首个由区县政府命名成立的名校长工作室，依托海口二十六小建立龙华区域网络教研博客群组，启动百名兼职教研员网络教研项目，2006年年初教育部副部长陈小娅考察海南课改，与我们面对面给予肯定说“海南的成长博客正在改变教师的职业生涯”，那晚我在成长博客写下“海岛课改没有冬天”……回首往事，海南的新课程实践让我真切认识到“教育只有一个主题，那就是五彩缤纷的生活”（怀特海），海南的网络研修模式让我看到教师在课改中如何被唤醒、被激发、被支持、被赋能。我认为，教育的目的是让教育回归生活，所有的学校课程都应致力于让学生运用知识来理解与领悟生活，所有的学校教师都应被释放追求理想的主动权和专业发展的自主权，初为校长的我坚定认为，唯有如此，教育方才真正富有生机与活力。

2008年我来到广东，在珠海市香洲区担任小学语文教研员期间，一度庆幸这里没有噩梦般的小升初选拔考试。走遍每一所公立小学，我看到这里的学校呈现出相对的高位均衡与同质趋向。当我2013年重新走上校长岗位，我尝试想象“教育本来的样子”，以“活力教育”理念构建学校课程。我和同事们在香洲区实验学校为三千多名学生提供八十多个基于兴趣、回归生活、自主选择、有机整合的综合性选修课程，独创四个原则以确保“活力教育”的课程活力与价值实现：一是自我成长的土壤，教师突破体制内教育方式的刻板功利，学生充分发挥自由学习的主动性，让学校成为适合师生自我成长、充满创造活力的自由土壤；二是自然生发的秩序，教师的充分发挥、学生的自由选择中自然生发新的课程，在校本课程层面形成“优胜劣汰”的自然秩序；三是猜测与反驳的方法，欢迎师生家长和社会对课程提出意见建议，允许每一门新的课程经历试错、检验；四是开放与融合的结构，开放的课程犹如自然界，犹如社会，犹如人，开放之下必会融合，无数的融合令开放的结构有更多生发，也更为丰富，更具活力。这个被命名为“创想城”的课程，成为我三十多年课程实践当中最有价值的部分，某种程度上实现了我对“教育本来的样子”的想象。我认为，教育的目的是培养具有智慧的活力的人，而绝非为了僵化地灌输死板知识，教师和学生都是具有独立个性和思想活力的人，我们应始终把激发和引导学生的自我学习作为教育的全过程。

回顾这些教育历程，我坚信未来的办学应当“让教育激发生命活力”。筹建潮联学校的每一天，都是在这样的教育目的观念下展开思考与行动，我和每一位参与筹建的潮联会企业家、每一位从其他学校会聚到潮联学校旗下的教师充分交流，在新学校的孕育阶段形成我们共同的办学价值观。

二

筹建潮联学校的过程中，我也常常回想曾经访问过的那些学校，仔细甄别能够从中得到怎样的启迪。由于长期工作在所谓的城区重点小学，于闹市中动辄面向几千个学生，记忆中也访问过无数优秀的城区名校，但最终还是觉得一些小型的乡村小学更令我难忘。譬如在2006—2007年，我在海南岛、台湾岛访问过两所很小的乡村小学，历经这么多年依然令我回味不已，带给我启迪。

海南岛上有座五指山，山上有个番茅小学。当我随省校本培训检查工作组走进大山中的番茅小学，看到简陋的一排平房校舍前有一个平整的篮球场，开门见山，远眺田野。随后看到满屋的儿童泥塑作品，我大为震惊。泥塑题材全部来自孩子们的生活世界，挽起裤腿趿拉着拖鞋抽着水烟的农夫、浑身腱子肉的小伙、骑在牛背上的孩童、拄杖踽行的老人，各种乡村人物、师生肖像、飞禽家畜，稚拙中形神毕似而又一派天真。全校十多位教师没有一人是美术专业，由校长撰写一张如何找泥、炼泥、塑造、置放的课程指引，七位教师自愿参与，就地取材以当地泥土为资源而开发出的这门泥塑课程，散发着令人难以置信的创造光芒。仅一百多个学生的番茅小学地处偏僻，开展课程改革明显缺少各种必备条件，然而校长看到农村孩子喜欢玩泥巴、山村田野随处都不缺的就是这个泥巴，遂想出这么个点子——开发泥塑课程，凭着一台电脑、一根网线，将师生课程改革的创造成果传遍网络，借着全省网络教研大潮展示乡村小学的办学活力。我还了解到，那片平整的操场几年前是块烂泥地，校长和教师用每周的劳动课组织四年级以上的学生去5公里外的河边捡石头，坚持了两个学期，在驻地部队的帮助下用捡来的石头建成水泥地，再安上篮球架，孩子们从此拥有了引为自豪的篮球场。他们用同样的方法盖起学校的厕所，教师学生男孩女孩从此不用钻到草丛树林里方便。

当年的海南全省16个市县仍有11个国家级和省级重点扶持贫困市县，经过多年的义务教育标准化规范化建设与均衡发展，相信那些乡村小学一定有很大的改变，然而记忆中的番茅小学在今天仍带给我启发：校长和教师以大胆的创造生发课程改革的力量，珍视儿童的观察力、想象力、审美力、劳动力、创造力，让物质极度匮乏的学校在课程与生活的紧密联结中迸发出惊人的办学活力。我们今天要建设的新学校自然是无虞于物资设备，而更要重视的恰是如何关注人本身，让一切设施条件更好地服务于师生的创造性工作和学习，让学校永葆鲜活的生命力。

2006年我还首次踏上了宝岛台湾，在台北县三峡镇的大山里邂逅了一所乡村小学校。那是5月的中午，大巴在山里渐行渐深，渐渐看到“萤火虫学校”字样的小旗。校园里飘着雨，隐隐听到溪流的潺潺。我看到全校一百多个孩子有序地分发午餐，安适地点播喜爱的影片，熟练地使用电子书包，随意地坐在图书馆地板上阅读。陈木城校长——一位出版了上百部儿童文学读物的课程专家，举着伞领着我走遍校园内外的萤火虫栖息地、溪流教室、青蛙共和国、建安蝴蝶园、湿地生态区、民俗植物园、鸣虫音乐馆、茶乡步道，介绍根据每一处开发出的校本课程。我仿佛看到师生在溪流课堂中闭目静坐感受风与流水，看到各班学生统一穿着救生服蹚水溯溪而上寻源调查并团结上下游村民发起护溪联盟，看到六年级学生在小木桥上以绳索将自己勇敢垂降至溪中完成富有挑战的毕业礼……田园诗般的课程，天籁般的童谣歌曲，与社区生活紧密相连的学校活动，教师们脸上洋溢的自信自豪，孩子们自然流露的自主自在，让我感受到教育可以如此诗意，如此美好。“我们住在一个有萤火虫的地方，我们跟萤火虫一样会发光。”——让生命发光，学校不正应当如此吗？我们今天要建设的潮联学校地处城市中心，但这不影响我们为学校赋予诗意：在这里我们可以自由呼吸，自在、自得、和谐、安宁；在这里我们不仅传递知识，更启迪智慧、润泽生命，让心智飞翔；在这里我们心灵相遇、诗性相随，在充满活力创造的教育生活中共同实现生命当下的完满与超越。

三

潮联学校于2018年9月5日奠基，2019年8月19日建成移交。建设过程中我对“教育的目的”长久沉思，最终对“教育激发生命活力”的学校图景有了更清晰更具体的构想。

潮联学校致力于“让教育激发生命活力”，我们将探求以爱为内在的思想力、健康力、学习力、行动力、创造力的培养，通过活跃的课程实现全面的活力教育追求。我们的创校团队有部分成员和我一样来自香洲区实验学校，之前我们曾在实验学校构建了不起的“创想城”（Idea City），而潮联学校——将成为一座“理想城”（Ideal City）。

作为“理想城”的潮联学校，坚持一些基本信念：

潮联学校把人看作教育的目的，而非看作手段；

潮联学校在知识授受中促进学生拥有活跃的智慧；

潮联学校让所有的课程教学融入五彩缤纷的生活；

潮联学校将审美与创造作为学校文化的重要特质；

潮联学校激励和引导每位师生走上自我发展之路；

……

此书成稿时，我已经完成创校使命，离任近一年。离开前我对团队成员进行了“英雄之旅”访谈，随后请每位访谈者在全校教师会议上演讲交流。大部分受访教师将访谈内容整理成文字发给我（也有几位教师因种种原因未能提交文稿），我在离开后的日子里一篇篇重新阅读整理编辑老师们的这些访谈文字，加上我自己在潮联三年期间接待教育同行及社会各界访客的部分演讲稿，大致呈现出我们这段创校历程。全书采用口述的形式，后期文字整理保留口述风格，形成这样一部创校口述史，以纪念我们过去这段独特的生命历程，也隐约期待——当潮联学校走过三十年、五十年甚至百年风华岁月，潮联学校后来的师生或能通过这样一部口述的创校史了解到一些前辈开拓事业的真实真切，从而寻溯学校文化和精神的一些来处渊源。

在这部潮联学校建校口述史即将付梓之际，我作为创校校长要衷心感谢珠海市潮人海外联谊会，以郑志才会长为首的潮汕企业家们以大爱之心捐资近亿建成学校，送给政府作为一所公立小学造福四方学子，功业无限。感谢郑志才会长、黄伟坚副会长、高雄杰副会长、黄金湖工程师等一大群优秀的企业家和建筑行家夙兴夜寐无惧辛劳，把潮联学校当成共同孕育的孩子，烈日下风雨里坐镇学校工地，关注施工进度，解决建筑难题，保障工程质量；感谢刘剑老师带着她丰富的校园设计经验参与到这个项目中，从功能到样式、从空间到色彩、从材质到工艺，在诸多方面给予全面的美学支持；感谢黄丽君、马驰两位老师在承担其他学校教学任务的同时，协助我完成开办新学校所必需的全部流程和手续，和我一起成功召开面向社会及媒体的新校招生听证会，做好开学一切准备；感谢谢宇靖、陈登、傅璠、杨丽华、方晓霞、凌宝玥、周应辉、洪岩、李瑶等一批又一批教师受到“让教育激发生命活力”的感召而加入潮联学校，为这所新学校的开办与发展做出卓越贡献。最后，还要感谢继任的曾威校长、珠海潮联会新一任会长叶汉成先生珍视前辈创校成果，并以满腔热忱为潮联学校创造更加美好的未来。

回顾来时路，潮联学校自2019年开办以来，全面贯彻国家教育方针，注重德智体美劳五育融合，在扎实开展国家课程基础上逐步呈现出自己的课程特色和学校文化。“让教育激发生命活力”，纯真的，诗意的，自由的，自主的，活力的……我们共同创造了这美好的一切，也诗意地栖息于这一切美好中。

余志君
2022 年4月30日于川上斋

目录

CONTENTS

第一章
种子的信仰

我不相信没有种子植物也能发芽，我心中有对种子的信仰。让我相信你有一颗种子，我等待奇迹。

——摘自亨利·戴维·梭罗英文版《种子的信仰》序言

第二章
脚下的土地

一个人想活得富足、坚强，一定要扎根在自己的土地上。

——摘自亨利·戴维·梭罗英文版《种子的信仰》序言

第三章

无涯的幸福

我也没有像鸟禽一般地歌唱，我只静静地微笑，笑我自己幸福无涯。

——摘自亨利·戴维·梭罗英文版《瓦尔登湖》第四章

第四章

找到永恒

你必须活在当下，乘着每一个波浪前行，在每一刻找到你的永恒。

——摘自亨利·戴维·梭罗英文版《梭罗日记》第十二卷

第一章

种子的信仰

我不相信没有种子植物也能发芽，我心中有对种子的信仰。让我相信你有一颗种子，我等待奇迹。

——摘自亨利·戴维·梭罗英文版《种子的信仰》序言

向着理想出发

口述人：余志君

一所由潮汕籍企业家捐建、以“潮联学校”命名的小学，要有怎样的形貌？

一位崇尚生命活力、想象教育本来样子的教育人，一群追求理想进步、愿生涯从此不同的教师，将赋予“潮联学校”怎样的气质？

一个人口不断增加的城市社区，希望“潮联学校”呈现怎样的文化气息和活力？

我们带着这样的问题，向着理想出发。

我们一点一点，一步一步，用心尽意描画“潮联学校”的美好蓝图。

一

潮联学校将拥有一枚怎样的校徽？

校徽设计之重要，不仅在于传递办学理念，更决定着学校的整套VI视觉形象。好的校徽追求丰富深远的意蕴。确定“让教育激发生命活力”的办学理念之后，经潮联会郑志才会长介绍，我与平面设计师黄维琪先生相约在学校建筑工地的棚屋见面。我们的沟通简明有效，选择了几个偏重校名和潮汕地方特点的设计方向：

方向一：取“潮”之形态，与校名的拼音字母变化组合；

方向二：取“联”之含义，以浪潮图案叠加重复变化组合；

方向三：取潮汕地方风物，如植物花卉或非遗元素做符号化组合；

方向四：……

一个月后，黄维琪先生带着十余稿设计来到工地。我们讨论斟酌后否定了所有的设计——过于抽象的设计，偏重商业气息，像公司标志；过于具象的设计，又总让人想起某种雷同。同时，我们也决定摒弃某些常见的设计思路：单纯的字母组合；字母与帆船、鸥鸟的组合；手与小苗、书本等的组合等。

我决定回到办学理念上来。“让教育激发生命活力”——这活力是什么？是日月星辰，是天地万物，是宇宙生生不息的变化；是高山巍峨，是大海辽阔，是波涛汹涌，是潮水不歇；是敬畏生命，是热爱自然，是心怀世界。而这丰富的一切汇聚于小小的圆形之中，万千世界尽在眼里，在我们每个将要担负起未来责任的学子心中。是否可以设计一枚这样的校徽呢？黄维琪先生给予我肯定的答复：当然可以！

很快，初稿出来，我们感到方向可行，进一步深化设计。二稿出来后我们发给不同年龄和职业的朋友看，根据反馈意见进行优化调整。有些意见非常精彩，比如“日月图案上下过于对称会不会让人联想到某种白加黑感冒药呢”，“星星排列杂乱不如排列成北斗七星更有指明方向之意”，还有“冷暖色彩的对比似乎应该再考虑一下暖色部分的明度”等，我们都一一采纳，推敲改进。三稿出来后我们感到比较满意，就着重调整细节，完善整体效果：调整太阳的光芒使之更具和谐之美；调整浪潮的形态使之与整体风格更统一；调整月亮的形态与位置，使之变成一钩弯月，陈于图案底部，避免与太阳形成过于僵化的对称；调整北斗星的形态使之每一颗都更饱满、整体排列也更具美感等等。

校徽定稿后，我们久久凝视着它，愈看愈感到在这小小方寸之间似乎涌动着大自然与生命的活力，从视野到心怀都随之不断地展开，展开……日月星辰，高山大海，潮涌不止，浪涌不息，天地宏阔而大道蕴于其中。那轮喷薄而出的太阳，放射万丈金光，明亮耀眼；那璀璨星芒随波荡漾，辉映沉静的月光；山脉连绵呼应海潮翻滚，掀起层层激浪，奏响活力的乐章。日月山海元素具象地凸显了潮汕地域特点，更体现了“让教育激发生命活力”办学理念的内涵丰富与深远。小学校，大视野。感谢黄维琪先生为我们设计了这样一枚校徽。

学校校徽

校徽设计“意在笔先”，学校整体视觉形象即“VI”系统随之诞生。校旗、信纸、信封、记事贴、办公室标牌、班级手持牌、门卫室遮阳伞等各种校园物品的平面设计稿应运而生，学校建筑外立面的墙砖、窗框、围栏，校园内各处楼梯、内部空间的墙面、扶梯、窗帘、家具、各式标牌的色彩，将与这个视觉系统的色彩谱系产生各种关联与呼应。有趣的是，我们又酝酿了校园吉祥物：阿湧、阿静。一个男孩、一个女孩，仿佛从校徽背景中走出来，目光明亮清澈，体态轻盈自信，浑身散发着无尽活力。阿湧阿静穿着与校徽一致的蓝橙二色服饰，斜襟上衣带点传统风味，短打风格透着干净利落，胸前佩着潮联学校校徽。“湧”

与“静”，恰是“活力”之一体两面，愿每个潮联学子都能兼具这两种能力和气质！

二

创建潮联学校于我是一段奇妙的缘分。我得以走进珠海市潮联会，结识一群有着鲜明潮汕特色的优秀企业家。

2018年8月16日下午，我走进珠海市潮联会办公大厦，与潮联会诸位领导首次见面。9月5日上午，珠海潮联学校奠基典礼在工地隆重举行。从此，我和黄丽君、马驰两位老师组成筹建小组，携手潮联会以郑志才会长和黄伟坚副会长为首、高雄杰副会长和刘剑设计师等行业专家组成的建设团队，在一万五千多平方米的地面上奋战350天，将新校的美丽蓝图变为现实。

2018年9月，余志君校长在学校工地

郑志才会长与余志君校长共商建校事宜

筹建小组在工棚。从右至左：黄伟坚副会长、黄丽君主任、马驰老师、余志君校长

潮联筹建团队参访深圳香山里小学。郑志才会长（左三）、黄伟坚副会长（右一）、刘剑设计师（右二）、余志君校长（左二）

筹建团队参访深圳道禾教育空间。余志君校长（左三）和道禾教育创始人曾国俊先生（左四），参与学校装备设计的周军洋（左一）、甘小芳（左二），潮联学校美学设计师刘剑（右三）、潮联会副会长高雄杰（右二）、潮联学校筹建助理黄丽君（右一）

我们曾清晨赶往九洲港码头，乘船去深圳参观南山区开办不久即声名鹊起的香山里小学参访学习，我联系行程，郑志才会长亲自安排用车和餐食，我们在车上交流参访收获，一致认同要为潮联学校建高质量的报告厅、小剧场、图书馆、艺术教室。在临时搭建的棚屋，在烈日灼烧的工地，在机器轰鸣、被灯光照得亮如白昼的加班赶工的夜晚，我们随时碰头，频繁交流，校门位置及尺寸的变更、教室横梁及地面讲台的取消、庭园内下沉式广场的增加，许多重要问题都在现场决策和迅速推进。潮联会各位大佬常在工地开会，他们以家乡话高声争论，或为捐款事，或为工程事，或为未来入学名额事，有时声音之大几欲掀掉棚屋之顶，但随后他们总会精诚团结形成一致意见。很多次我们忙到下午两点才顾上吃点东西，一种叫作“阿弟仔”的潮汕快餐是这种时候的不二选择，枸杞叶汤配一碗粿条或是芥蓝炒饭被送进工棚，几番下来我对鼎鼎有名的潮汕饮食有了更亲切的了解。这期间珠海潮联会积极申办第21届国际潮团联谊年会举办权，邀请我一起在学校工地接待了多批国内外来访的潮人团体，尽管申报未能如愿，但潮联会申报举办权的影片开头那艘气势磅礴的“红头船”令我印象极深，“有海水的地方就有潮人”，百多年来无数潮商远渡重洋拓殖海外的历程让人遐思万千。

不知不觉，建校过程中我仿佛也成了半个潮汕人，对潮汕人尤其是潮汕商人有了超过既往的认识。用他们自己的话说：“特别能吃苦、特别会拼搏、特别讲团结、特别懂感恩”，是潮汕商人干事创业的精神内核。在我看来，还可以加上两点：“特别敦睦乡邻，特别热心慈善。”珠海潮联会不仅是他们叙乡谊、寄乡思的地方，更成为一个互通乡情、筹措资金、调集力量、合谋决策的平台，而我作为潮联学校慈善捐建项目的参与者，不仅见证了潮联会企业家募资9500万元将学校建好无偿送给政府的善举，更在亲历的建设过程中体会到每一位捐资者对教育的热望、对社会的关怀。

为此，我郑重写下潮联学校的校训：“志正行远，爱己爱人。”

结合“让教育激发生命活力”办学理念，确定潮联学校“一训三风”：

校训：志正行远，爱己爱人

校风：求真求实，至美至善

教风：不愤不启，不悱不发

学风：学思行创，融会贯通

2019年夏天，潮联学校建成，即将移交给政府。我以创校校长之名，写下一篇颂辞，向出席潮联学校捐建仪式的领导、潮联乡亲、社会各界代表郑重诵读，也望潮联学子代代铭记。

潮联学校蒙养颂

珠海香洲，潮联学堂，众人倾力，斐然成章。

启蒙养正，百年悠长，果行育德，禅惠四方。

正心诚意，敦睦兴邦，德高识厚，教风淳良。

学思行创，志在远方，爱育英才，历久弥光。

潮联学校办学理念与一训三风

第一章 种子的信仰

三

建设学校的日日夜夜，我们渐渐勾勒出学校的模样。潮联学校，不会像我之前工作的香洲区实验学校那样在巨大宽敞的空间里融汇那么多不同风格的现代元素，让学校成为校园美学的试验场；也不会因为潮联会的背景而专一强化潮汕传统样式，模糊了学校场域与潮汕茶馆会舍文化馆的本质区别；更不会将募集来的宝贵资金用在毫无意义的对某种地域流派诸如京派徽派苏派的盲目模仿，像房地产开发商推盘那样营造噱头。用地面积15767.13平方米的潮联学校，最基本的定位就是一所容纳24个班级的小学校。在周边学校纷纷突破40个班级，甚至个别学校突破70个班级的新香洲中心地区，这样一个小型学校尤其显得独特而珍贵。我希望这样一所小小的学校有自己的独特风格——传统与现代、稳重与活泼、内敛与开放、守正与求新在这里并行不悖，构成潮联学校独有的风貌和迷人的气质。

潮联学校的建筑囿于有限的面积，整体布局比较紧凑。我们结合人在校园内的动线对空间安排做一些局部调整，营造一种张弛有度的节奏感、趣味感。学校的空间与设施，不应仅仅只是满足基本的功用，还应促进人与环境的交流，构成教育的对话。

校门原本紧贴街面，出门即车流，将之往校园内退后十米，使校门口出现一大片宽敞的空间，颇有藏风聚气之感，更提供了一个学生放学的有效缓冲区。

进门之后的左手边是操场，右手边则是两栋教学楼并列站立，它们在最远的东面以廊道相连，围合成极其狭长的凹字形布局，凹字形的中间仿佛是一个巨大的天井。我们在大天井一般的狭长空间当中做了一组树桌，不规则形状的水磨石桌面上散列着大大小小的树洞，槭树、小叶榄仁、紫玉兰等树木伫立于桌面，配置了若干轻便座椅。同时，将教学楼面向书桌花园的台阶取消，做成无障碍的缓坡，提升空间的整体感与安全性。这样一来，两栋教学楼的学生往下流动进入大天井空间的时候，就有了可以停留、可以交集的地方。在树桌花园的树荫下阅读、写字、私聊，或是就着台面上陈列的一些展品，开展一些劳动操作，这些设置都能够发挥实际的功用。

顺着树桌走到大天井空间的尽头，也就是两栋教学楼的连接处，我们设置了流芳榜。高大的墙壁上镌刻着潮联会捐资建校的光荣事迹和详细名录，铜板浮雕的《清明上河图》彰显着潮汕乡亲的家国情怀，石桌上刻着的“学而时习之，不亦说乎”传递着捐资者对学子的殷殷期待。这个最东面的空间庄重、静谧，为全体师生与每位来访者提供一个驻足参观和纪念瞻仰的场所。

教学楼与紧邻的行政楼的架空层是一体化设计，成为南方学校常见的风雨操场，即学生在风雨天气下能进行室内体育活动的场所，最大程度地延展了一层平面上的活动空间。

行政楼是个半圆弧造型，向北形成半个环抱空间，北望综合楼、东邻幼儿园，三者之间有一小块空地，我们做了一个360度围合的下沉式户外小剧场，中央是个水磨石的椭圆舞台，四面皆有台阶，利于上下。与树桌花园相呼应，这里则环绕着剧场种植了一圈小叶紫薇、小叶榄仁，绯红的紫薇花、碧绿的榄仁叶将为拾级而坐的观众提供树荫。树桌花园是地面上的风景，下沉式剧场则是地面下的巧思，在极其有限的校园空间里调和了几栋主要建筑之间的对峙感，尽可能创造了一些变化与趣味。

教学楼内，教师办公室一概在楼道西端，自带卫生间。站在办公室门口朝东望去，4间教室一字排开，一览无余。楼道宽达3米，空间宽敞，贴墙放置学生书包柜、雨伞架以及消防物品，也不影响列队行进。

树桌花园（也叫星河庭院），与太阳广场呼应

环形的太阳广场，下沉式的室外小舞台

蒙正楼、果行楼的宽阔走廊

廊道围栏以实体墙、栅栏交替间隔的样式，保留俯瞰树桌花园、远眺操场的视线通透，又确保在大雨天气能够成功遮挡部分雨水。学生卫生间在楼道东端，在卫生间外定制摆放着不锈钢材质的收纳柜，柜体布满孔洞，空气对流利于内部的扫把拖把等物品干燥。综合楼内，体育馆、报告厅、餐厅，以及各种艺术教室、科学教室、综合实践教室应有尽有，其中体育馆、报告厅由郑志才会长钦点他最信赖的设计师操刀设计，建成后成为学校整体工程中的亮点赢得各界盛赞。

为我们在香洲区实验学校设计过热带雨林主题空间和功能教室的刘剑老师加入潮联会的设计团队，为潮联学校的建设奉献了宝贵的美学智慧。在学校建筑的整体外立面效果把控上，她在预算空间内反复斟酌瓷砖的光泽与质感；用心计量外墙每一层装饰格栅的间隔，决定减少或保留多少条格栅；所有窗框的颜色、楼道栏杆的颜色，每层楼都有变化，橙色与绿色交替中构成一种音乐旋律般的和谐篇章。每一处空间，每一样物品，每一项工艺，但凡征求她的意见，她都尽可能给出有价值的建议。举个例子，她坚持建议给学校的卫生间来一点点变化，女生卫生间采用粉色小面砖，男生卫生间采用黄色小面砖，教师卫生间采用灰色小面砖，全部以菱形斜铺的方式铺贴，最终效果惊人。尽管菱形斜铺的施工方式相当费工，但潮联会各位领导看到铺贴效果之后都大为满意，我则感叹：在公立学校工作了几十年，终于可以让学校有体面的甚至是别具温馨美感的卫生间了！

凡此种种，未能尽述。潮联会各位领导本身建筑经验丰富自不必说，而更重要的是他们本着尽善尽美之心邀请几个设计团队参与其中，为了呈现好的效果最终也在资金预算上一再突破。而今时光飞逝，学校已投入使用近三年，潮联学校依然很耐看、很明丽，以一种独特的气质、鲜活的魅力伫立于阳光下，熠熠生辉。

紫薇花开，映衬志远楼

四

如果说潮联学校是我们孕育的孩子，那么给学校建筑及空间命名就成为特别幸福的事情。校训“志正行远，爱己爱人”一经确定，我就从“志正行远”中取首尾二字，将综合楼名为“志远楼”。教学楼、综合楼的名字，为郑重起见，我参考了《周易》。

教学楼名为“蒙正楼”“果行楼”，出自易经蒙卦。上卦为艮，象征山；下卦为坎，象征泉。山下有泉，泉水喷涌而出，这是蒙卦的卦象。卦辞曰：“蒙：亨。匪我求童蒙，童蒙求我。”不是我去求蒙昧的儿童，是蒙昧的儿童来求我。《象》曰：“山下出泉，蒙。君子以果行育德。”君子观此卦象，取法于一往无前的山泉，以果敢坚毅的行动来培养自身的品德。蒙卦是万物出生之后的发展阶段，蒙昧未开之时可以用来培养正道，教师的启蒙指导很重要。

行政楼名为“鸣谦楼”。《易经》第十五卦为“谦卦”。这是一个专门讲谦虚的卦。谦卦下卦为艮为山，下卦为坤为地，是地中有山之象。通常山高地低，此卦山低于地，好像一座高山藏在地底下，是谦虚的象征。《周易》六十四卦，唯有谦卦六爻均为吉，为《易经》罕有。“鸣谦”在此提示我们：永远保持感恩与谦逊的内心，脚踏实地拼搏奋进，即便名声在外也要谦虚守正。圆弧造型的行政楼上“鸣谦楼”三个大字朝向校外主干道，过往车辆行人、学校师生家长每天每时每刻都能看到，我自己每天早晨去学校远远看到这三个大字，总能感到一种神奇的内在力量。

楼名既定，其他各室各空间就尽可能从校徽和办学理念出发，运用浪漫的联想、满含深切的祝福，逐一完成命名工作。一墨书道馆（书法室）、三彩美术室（美术室1）、七宝美工坊（美术室2）、柳林风剧场（报告厅）、风信子舞蹈团（舞蹈室）、小云雀合唱室（音乐室1）、海之声合唱室（音乐室2）、文潮书院（图书室1）、文潮书馆（图书室2）、哆啦A梦（科学室1）、哆啦I梦（科学室2）、节气厨房（综合实践室）、心语室（心理健康室）、融育室（随班就读资源教室）、思源餐厅（食堂）……当所有功能室的内部装修完成、资源配置到位，这些名字就拥有了丰富的内涵，成为一个又一个吸引师生的独特空间。

2020年春，我创作了《潮联学校校歌》歌词。我不希望校歌是进行曲风格，所以在歌词中着意抒写童年的纯真和诗意。“抬头望这片清澈天空，连接遥远的梦想。风吹过海洋，叫醒满天满天星光啊。志正行远啊志正行远，小小浪花，奋勇向前奔向远方。潮联学校，潮联学校永在我心上……”音乐人袁晓斌先生为校歌谱曲。小样出来后，星海音乐学院陈述刘教授称赞：“这首校歌写得好，旋律不一般！旋律新颖！”袁晓斌先生解析自己的创作：整首曲子的灵感由“风吹过海洋，叫醒满天星光”这句充满爱和想象力的歌词而来，歌词中嵌入了校训，“志正行远、爱己爱人”这句处理得温馨而宽广，第一段结束则处理成不完全结束，寓意人生道路在孩子面前展开。

潮联学校校歌

1=C 4/4

作曲：袁晓斌
作词：余志君

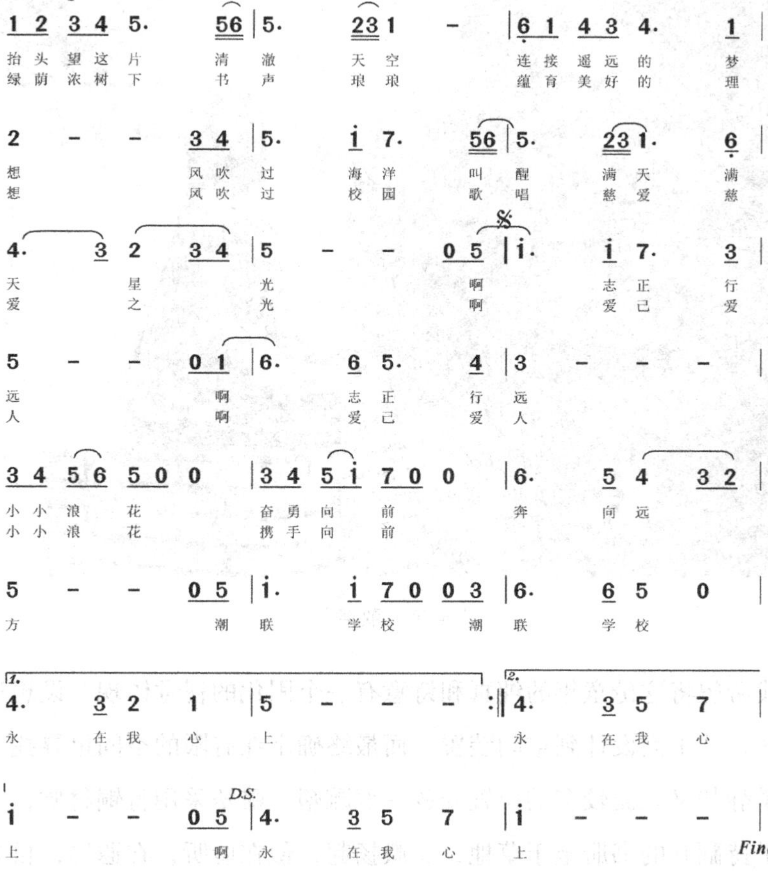

潮联学校于2019年9月1日开学。从此，每天清晨的校园都会响起校歌的旋律，“小小浪花”成为潮联学子的昵称，“奋勇向前”“奔向远方”的欢快活力为我们开启美好的每一天。首个学年度我们只有一年级四个班级，陈登老师用音乐课给每个班的孩子教唱校歌。11月，潮联学校首届校运会开幕式，陈登老师站在国旗下打着节拍指挥，我和10位教师、209位学生仰望着蓝天齐唱校歌，那一刻我的心被这美好的歌声紧紧攥住，禁不住泪奔……

“童年的歌谣”

我希望将这份童年的纯真和诗意有一个固化的视觉体现。设想过很多方案，从平面设计到空间装置，而最终确定在有限的空间里寻找一处相对僻静却又人流较多的位置安放一尊雕塑。雕塑采用青铜材质，一位少女手持翻开的书册坐于草地，头微扬起，似在聆听，在遐思，目光中透着清纯、热望。少女铜像坐落在红砖底座上，簇拥着大朵的各色木槿花，左右掩映着杨梅树、枇杷树肥绿的叶片以及枝叶间累累的果实。这件铜雕名为“童年的歌谣”，愿潮联学校为所有孩童守护童年的纯真与梦想。

五

潮联学校未来计划招收24个班，筹建过程中就为24个班取好了名字。

2019年首届招收一年级4个班，以“正”字命名班级：正一班、正新班、正泰班、正德班。我们笑称这一届学生是潮联大家族的长子，“正”字取自校训“志正行远”，端正、中正、正直、合乎法度；“正”字也念平声，正月乃农历新年第一个月，新春伊始，万象更新。首届正字辈，是潮联学校未来所有学子的学长，寄予了创校团队的无限期望。

2020年招收的一年级4个班，从校训“志正行远”中取了“远”字命名。再往后还有四个年级，分别以“学、思、行、永”命名。六个年级，24个班级，构成潮联学校成员谱系。我想象，这六届学生之后，依然每届有一个共同的字，每班有一个独有的班名。十年后，二十年后，三十年后，曾经的潮联学子在他处相逢，总能够从那曾经伴随了六年的班名里迅速找到彼此特有的这份联结吧——

正字辈：正一班、正新班、正泰班、正德班；

远字辈：远洲班、远思班、远浩班、远晴班；

学字辈：嘉学班、翰学班、成学班、笃学班；

思字辈：思诚班、思瑞班、思恒班、思哲班；

行字辈：景行班、昱行班、芷行班、灏行班；

永字辈：永熙班、永盛班、永福班、永和班。

正字辈第一次踏进潮联校园，我们精心开启了“我是潮联小浪花”入学课程。绘本风格的课程手册，漫游校园的印章打卡，与吉祥物阿湧阿静的合影，孩子们迅速喜欢上我们的学校。柳林风剧场里的开学礼激动人心，激昂的开场鼓引出虔敬的《潮联蒙养颂》，灯光照亮舞台，我将印有班名的牌子郑重授予班主任，随后班主任手持班牌带领本班学生依次登台，穿越三道象征意义的拱门：健康门、礼仪门、学习门。开学礼的最后是“击鼓明志”：一通鼓，志正行远；二通鼓，爱己爱人；三通鼓，我是健康快乐的潮联小学生！入学礼成！学生从此开启小学生涯，那稚嫩的声音、纯真热烈的眼神感染无不振奋每位师者之心，令人难忘。

首届入学礼授班牌

我曾在珠海潮联会看到潮汕八景的木雕屏风。我们设计了潮联八景，不是指校园内营造园林景观，而是特指为学生设计的八个主题节日。除去寒暑假，学生一年有八个月在学校度过，长达六年，这是多么重要的成长阶段。因此，我们通过八个不同主题的节日为孩子们丰富校园生活，让童年的色彩更丰富，童年的回忆更斑斓。

“我是潮联小浪花”——新生探校活动

秋季学期四个节，从开学迎新，到新年降临：

九月浪花节，我是一朵小浪花，潮联学校我来啦；

十月创想节，我创我变，我创我飞，创想改变未来；

十一月健体节，我运动，我快乐，我健康；

十二月航海节，手持罗盘，勇往直前，应对挑战，新年狂欢。

春季学期四个节，从春之萌动，到似火骄阳：

三月华服节，春光明媚，着华服、赏美景、颂美诗、品美食；

四月观察节，草木葱茏，观察自然、描绘自然、探究自然；

五月悦读节，海蓝蓝，天蓝蓝，爱上悦读并不难；

六月艺秀节，才艺大赏，为梦想插上艺术的翅膀；

如此丰富的校园活动，不就是我们的“潮联八景”吗？

就这样，走过春夏秋冬，一年四季。

“潮联八景”——潮联学校八个节日课程

后来，我们在八节基础上绘制了潮联学校课程图谱。在全面贯彻国家教育方针，注重“德智体美劳”五育融合，在扎实开展国家课程基础上，开发特色课程，推出三张课程名片：

“生活家·热情”课程，投入生活，用热情呈现生命的意义；

“创想家·想象”课程，打破局限，用想象创造无限的精彩；

“航海家·探索”课程，拥抱未来，用探索迎接未知的挑战。

我们在这里创造一个充满纯真、诗意、快乐、活力的美好校园。愿潮联学校每朵小浪花都奋勇向前，成为生活家、创想家、航海家！

“让教育激发生命活力”，我们在这里向着理想出发。

珠海市香洲区潮联学校课程图谱

潮联学校课程图谱

为了办一所喜欢的学校

口述人：谢宇靖

2020年7月，潮联学校满一周岁了！陪伴潮联成长的，是我额角的白发。默数过往，回忆宛如一条旧巷，寂寥而悠长。每一个转角，都写满了故事。

相 遇

因为敬佩，所以追随！

我们相遇，始于2010年，那时的她在台上给全香洲区的语文教师做教材培训，声音动听，思路清晰，印象最深刻的是PPT尤其精美。有一回，当时任职学校的副校长让我接送余志君老师，开始了我们之间的缘分。2012年12月，她调到实验学校成为我们的校长，刚上任就与所有行政谈话，我已经忘了当时谈话的内容，但至今仍然记得当时的紧张与无措。上任后带着我们一群行政到成都参观学习，打开了我们的眼界：原来学校不都是一样的，原来好的学校都有自己独特的气质，独有的文化。在她的带领下，实验学校从校园环境到课程文化都有了翻天覆地的变化。她让我钟爱的校园变得更生动，更具灵性，更独特，我喜欢！

谢宇靖副校长创设"430"德育管理会议制度

在她的培养下，我也逐步成长，2015年调离我喜欢的实验，去到遥远的城郊。城区的快节奏、高强度、严要求在这里都没有了，清闲了一段时光，却越发感觉难以融入。第二年开始，一种奇怪的皮炎缠上我，无端就红、肿、痒，医生说我压力大，没休息好，要求我调整身心状态，朋友们笑话我，闲出病来了。哎，我只能呵呵了！大家口中这个山清水秀的地方难道和我八字不合吗？

2018年，是我在新单位的第四年，8月得知余校调离实验，去筹建新校，那会是一所怎样的学校？我是否有机会去参与？我的心里隐隐开始有了期待。直到那天，余校说："来吗？"那一刻，我的第一反应是，来！四年前，我是被动调离，没有选择的机会，这次，我要把握机会，主动选择。因为我知道，有余校在，这所学校一定会变成我喜欢的模样！

相见

2018年7月，我开始在余校的带领下进入潮联工作模式。

学校门口安全防护屏障的设定、校服样式落实、校园文化标牌的文字校对、标牌的制定、微信公众号的规划、开学典礼的设想与筹备、一年级入学课程的设计、食堂及物业等后勤工作的安排与落实、资产的交接与管理、校园卫生的开荒、教师入职前培训……很想多打几个省略号……

与众多工作同时快速推进的，是学校主体工程的建设：动工，封顶，铺砖，打磨，粉刷，铺草，种树……一所色调明快，设计合理的崭新的学校很快就出现在我们眼前。

2019年8月19日一早，我开着车进入潮联学校的车库，一阵简单的小窃喜：以后车子不用再日晒雨淋了。走上地面，我们穿着那件自己买的统一的服装，胸前佩戴着崭新的校徽，快乐得像只小鸟，这里色调活泼，一会儿在门口迎接客人，一会儿在布景板前合影留念，铺天盖地的媒体信息，时刻提醒我们，潮联学校正式移交，我们成为这所新校的主人！那段时间，我们的微信圈里都充满了鸡血的味道，昂扬而热烈！

相合

机遇与挑战并存，困难与希望同在！

移交后的每一天，我们都是数着日历过日子的，每天都追赶着太阳，往前，往前，再往前，多做一点，多做一点，再多做一点。可生活总是那样，先给你一颗甜枣，反手就会给你一个巴掌。8月19日，移交当天，物业公司就进场了，两位负责人随叫随到，工作安排井井有条，正当我们长吁一口气的当下，麻烦不断袭来。

“谢校，物业的保安怎么回事？保安室里乱七八糟……”

“谢校，保安换了吗？新来的保安只在保安室里打游戏，完全不管门口……”

“谢校，校园里的花草快要干死了……”

“谢校，校园里死了好几棵树，连树都养不活，怎么管理这所学校……”

“谢校……”

不断和物业沟通，电话、信息、会议，你来我往，唇枪舌剑，要来了花工，安排了施肥、打药，平息了保洁之间的矛盾，你以为岁月就此静好？一场疫情，又回到解放前。消毒时间一拖再拖，因为物业公司内部的劳资纠纷，保安、保洁、电工、文印，不到岗、不干活儿，要口罩、讲条件，忍无可忍下，最终以一纸要求泓兴公司认真履责的函终止了和谈。今年重新招标，又会是怎样的局面？不知道。

创校元年，我们每天都面对新的挑战，大家都练就了同时面对多件事、同时处理多件事的本领。就算如此，工作还是排山倒海地涌来，根本就不会给你喘息的机会，我从未觉得自己如此能干，工作一桩接一桩，挑战一件接一件，就像一盘永远打不完的游戏，一直在升级打怪，你以为大boss来了吗？No，一直在路上。

查看微信行政群聊天记录，2020年2月起，我们又恢复了每天都沟通，每天都有安排的创校模式。战场从学校转移到家里，我的生活充斥着一堆方案：疫情防控工作、开学工作、防疫演练工作、应急预案……还记得那天，4月30日返校复学检查督导验收工作，工作组下午3点到校，中午2点发现有一盒档案内目录全部出现错误，来不及抱怨，甚至来不及哭，心里冒出无数个炸毛的小人，边安抚自己边争分夺秒修改，边还提醒自己：同样的事情不能出现第二次，以后需要提前准备，提前检查。于是，广东省标准化学校评估，我提前了2个月做出盒内目录，但仍然出现了资料整理方面的不足，哎，档案之路长又长！

后勤物业管理、小额工程、党支部、工会活动、教工慰问、人事管理、职称评聘……此处省略很多个字。这些是我全部工作吗？不，身为教师，教学工作才是我真正的工作岗位。我需要担任一个班的语文教学工作，每周9节课，3天早读，3天午读，备课、改作业，每天和孩子们的相处成了我最甜蜜的负担。繁忙的行政工作，分去了大部分的精力，班上又有几个比较特殊的孩子，疫情复课后摸底检测让我大受打击，还有两个月就期末考试了，怎么办？下定决心，培优辅差，每天像孵小鸡一样带后进生，每天起早摸黑，整天泡在教室，下午6点后再着手处理行政事务，余校都看不过眼了，每天叮嘱注意身体，还时不时过来帮我辅导一下学生，倾听我的烦恼，排解我的忧愁。教学上，备课组的小伙伴成立攻守同盟，共同进退；德育处的事情花姐承担了大半，教学上的问题也总是有问必答，有疑必解；第三方安全检查，小马哥独立承担；潮联团队给了我太多太多的支持！

树桌花园里那抹红叶，太阳广场成熟的杨梅，哲学小径飘香的紫荆，桃花岛奋进的团队，运动场上灿烂的笑脸，华服节清脆的诵读，进校时轻柔的校歌，放学时摆动的小手，那不就是我们想象中的学校吗？潮联，我们心中的理想城！

相伴

一个人是诗，两个人是情，一群人是画！

“谢校，我来，这个我懂。”

“谢校，这个方案我做出来了，你看看如何？”

“谢校，下雨了，我去门口值班，你在楼上指挥。”

“谢校……”

伴随着潮联学校成长的，不仅是我，还有我那些亲爱的小伙伴。他们相处和谐融洽，能文能武，能动起来做事，也开始学着静下来思考。

“谢老师，我会背书了。”

“谢老师，你来看看我写的字。”

“谢老师，你去哪里啦？我很想你。”

“谢老师……”

伴随着潮联学校成长的，还有这一群孩子。他们活泼可爱，稚气可掬，今年9月，他们就成为正字辈小哥哥、小姐姐了，校园里又会迎来一群可爱的娃娃了！

今天是2020年7月23日，中午1点30分，我经过正德班，班里几个家长志愿者还在协助搞卫生，大家汗流浃背，还在谈笑风生，看我走过，热切地：“谢校长。”我衷心地表达感谢：“谢谢你们，辛苦了！”“不辛苦，感谢学校，老师们辛苦了，我们要把教室打扫干净，迎接新一届潮联小浪花！”说着，又弯下腰继续拖地板。

这就是潮联人，我们一起追梦，一起感动，也一起收获。奋发有为的潮联人，一定不负韶华，筑梦远航！

最苦的一年，最美的一年

口述人：黄丽君

潮联学校一周岁之际，余志君校长对我进行“英雄之旅”访谈。访谈提纲分为“想了”“试了”“拼了”“成了”四个部分，我在忙碌的工作间隙中尝试梳理思绪，回望这一年筹建再加一年开办的历程，恍若风雨之后彩虹初现，愿未来的脚步更坚实，一路的风景更美丽。

“想了”：是什么使我迈出这一步?

每个人对职业都有一份理想，做老师这么多年，看过这么多优秀的学校，我也希望能在一所新的学校寻找一种更本真的教育状态。有一位校长的教育理念，我非常认可，她创造了所有学生都喜欢的创想城，她鼓励老师们开发属于自己的课程，她认为校园里应该有供孩子们玩耍的沙池，她认为教室里应该根据不同年龄搭配不同的色彩……所以当她邀请我一起去筹建一所新校时，我毫不犹豫地答应了。我认为她可以带领我看见那一所更美好的学校，我相信她能带领团队走向那个美好的愿景：离教育的本真更近。于是我出现在这里——潮联，一所崭新的学校。

黄丽君主任为潮联学校建设与发展做出卓越贡献

“试了”：这一年经历了哪些挑战？

来到新学校创业，遇到各种困难是必然的。我虽有这个心理准备，但面对巨大挑战时，终究不是我想象的那样简单。一切从“0”开始是什么概念，此时的我终于体验到了，它是新的开始，同时也是挑战的开始！新校人手不足，每个人必须身兼多职，我担任教务主任的同时，还要兼顾办公室的后勤工作。

记得开学前的预备周，我真的是苦不堪言，分身乏术。新校建好，高兴劲儿还没过，大量的交接工作扑面而来。消防系统、监控系统、广播系统、饮水系统、食堂设备、班级一体机、电子班牌……全部要验收、培训，学校网络，固话，警报联动119，110，教室黑板，布告栏，评比栏……全部要安装。这边好不容易完成招生、阳光分班，那边建立教学教研的部署安排迫在眉睫。作为教学部门的负责人，如何带领大家建立教学常规？如何有效地开展教研活动？这一项项的制度又如何落实？眼前的工作全是我从未接触过的，我该怎么办呢？先做哪一样呢？我被压得喘不过气，焦虑不安、手足无措，甚至独自坐在车里崩溃大哭。

“拼了”：哪个时刻让你想要放弃？又是什么促使你坚持？

工作的繁忙和当初的理想有一条鸿沟需要跨越，我在现实与理想中挣扎，很多事务性的工作确实消磨了我很多精力，让人身心疲惫。当两个部门的事情铺天盖地而来，完成的效果又不尽人意，我深深地怀疑自己，并一度想要放弃：我不要当这个主任了！校长把那么重要的事情交给我，我真的能做好吗？新学校正是需要飞速成长的时候，我适合在这个重要的岗位吗？

可是我要这么快就做逃兵吗？不，我不甘心！就是心中这股不服输的劲儿，使我一直咬牙坚持！幸运的是，每当我面临困难时，余校总会在背后给予莫大的鼓励，谢校总能第一时间为我理出工作思路，同事们在关键时刻总能鼎力支持，互相配合，一个个看似无法克服的困难都在大家的坚持中迎刃而解。那些我认为很难很难的时刻，现在回头看好像也没那么难。我也相信，随着学校不断发展和壮大，一切都会越来越好的。毕竟是创校第一年，我们都是开荒牛，将来回看这一段经历，也一定不是现在这种滋味，甚至我们会为此感到骄傲，因为我们创造了潮联学校的一个又一个精彩时刻！

“成了”：回看一年，什么时候最有成就感？

当我跑完各种流程办完各种手续，拿到潮联学校公章和校长的法人证书的那一刻，我觉得筹建过程中一切的付出都有了意义。筹建这一年，经历了很多，借用的办公室，借用的会议室，借用的设备，就连一箱会议用的矿泉水也是借用的，即便是条件艰苦，但我们依然努力解决筹建中的各种问题，用心设计每一间教室、功能室，每一条廊道、每一个空间的文化，我们还有条不紊地在工地上完成了第一届招生工作。捧着潮联学校的公章，仿佛一个婴儿有了名字，有了身份，我甚至开始畅想潮联学校未来的样子。

8月19日是个值得纪念的日子，我们全体老师亮相，参与潮联会向香洲区人民政府捐建学校的移交仪式。珠海的各家媒体都来了，兄弟学校的代表也都来了，争相一睹潮联学校的亮丽容颜。我们和首年加入的教师穿上统一的服装，在校门口、报告厅、操场上喜气洋洋拍下各种合照。从这天开始，我们就要正式进驻学校了，那一刻心情真是无比激动。

回望第一年，我们的潮联八大节——三月华服节、四月观察节、五月悦读节、六月艺秀节、九月浪花节、十月创想节、十一月健体节、十二月航海节，个个都难忘。与方新敏老师一起修改创想节方案，与马驰老师一起等待健体节的小凳子到货直至深夜，与凌宝玥老师布置航海节的各个场地，带领老师们一起录制观察节的视频，和孩子们一起制作草木染，与金瑶老师一起策划悦读节，并担任她的阅读大使……每一个节我都全力支持，每一个节我都参与全过程，这些实践经验对我来说是多么宝贵！我们的老师是多么优秀，多么团结！虽然我们第一年只有十一个人，但我们把每一场活动都办得漂亮而圆满，我们为潮联学校首届一年级孩子的每个月每一天创造了多么丰富的校园生活，我感到很骄傲！

创校第一年是最苦的，也是最美的。我要把那些酸甜苦辣全部收进行囊，带着它们奔向梦想的远方。未来的挑战永远存在，我们的故事仍在继续，而我们都是创造故事的那个人，但愿每个人都能不断突破自己，创造更精彩的故事！

登上山顶看风景

口述人：马 驰

2018年7月，我接到教育局的通知，让我去参与潮联学校筹建工作。接完电话，我既紧张又兴奋，怀着好奇和忐忑的心情去教育局报了到，按下了与潮联学校共成长的启动键。

马驰副主任为来访的西藏骨干教师上体育示范课

筹建工作比我想象的更有挑战，困难接踵而来。我没有任何头绪，整天像个无头苍蝇似的乱窜，奔波于教育局、建管中心、设计院、审图中心、政务中心、公安等三十多个单位之间。350天要建成一所学校，时间紧、任务重，各项工作都不得不同时开展。

记得刚进入项目的第一天，我怀着急切的心情，本着领导交代的任务一定要完成的想法，去某某局办事。明明我们已经电话沟通好，结果到了那里他们说他们搞错了，要我去另外一个单位办理。紧接着，我又匆匆忙忙开着车赶去老香洲某某局。在路上，我打电话与他们沟通，对方明确表示能够办理，来就行了。没想到的是，等我去了，他们又说科长去南屏了，暂时办不了，如果需要的话要去南屏办理。我锲而不舍，继续电话联系南屏那边相关部门。我开着车匆匆忙忙赶到南屏，终于在科长出去开会之前办理了业务。2018年的那个暑假，留给我的印象就是一直在开车，一直在找停车位，一直在等各个单位审批，一直在等回复……用五个字总结就是——一直在路上。所幸的是，经过一整个暑假的奔波，项目的前期报建工作基本完成。这一个暑假的付出终于得到了回报，这让我感到无比的欣喜。在这过程中，我收获了很多，最大的感悟是做事情不要急，一定要想清楚，慢慢来，有些事情不要想着一次两次就能办好，来回跑个三五次是很正常的。这也在一定程度上磨炼了我的心性，让我更有耐心。

到了2018年9月，潮联学校工程正式开工了，我们学校也迎来了自己的校长——余志君校长。至此，我们的筹建工作有了主心骨。在余校的各方沟通协调以及统筹下，筹建工作逐渐理顺。接下来，我和黄主任在余校的领导下，通力合作，一起为潮联学校的建设出谋划策。经过一年的努力，潮联学校在2019年7月基本完成雏形。2019年8月，潮联学校终于迎来交接仪式，正式完工。

2019年9月1日，潮联学校正式开学，我也开启了在潮联学校的教学生涯。第一年教职工人数很少，我们团结一心，共同分担学校的工作，充分发挥一个人就是一个团队、一个团队就是一个人的精神。我担任正德班的副班主任，一周17节体育课，还要负责整个学校的安全工作。与此同时，学校的饭堂、保安等后勤工作我也有所涉及。印象最深的是有一天凌晨四点，我接到学校保安室的电话，说学校的水管爆了。我惊出一身冷汗，马上从床上爬起来赶回学校处理水管问题。

匆匆忙忙赶回学校和保安大哥满校园到处找，终于在五点钟找到了爆裂的位置，摸到开关给关上。之后，还有几次在半夜十二点接到保安室电话，保安反映一些突发情况。刚开始，我会有些不知所措，会有些不耐烦，但后来细心一想，我是学校唯一的一位男教师，保护这个学校是我理所当然的责任，于是又增长了责无旁贷之心。

在潮联，除了工作上的挑战，如何与人打交道也是我要学习的——特别是周围的同事是女人，而且是一群女人。女人的思维方式和男人不一样，聊的话题不一样，做事风格不一样，反正就是各种不同……这让我感到各种不习惯。也许是每个月策划的主题活动，也许是一次次的读书会，一次次的餐叙，一杯杯的奶茶，都一次次地拉近了我们的距离，我也慢慢地融入这个圈子，和她们聊起了奶茶，聊起了孩子……总结几个字就是“人设重建中”。

真正的挑战来自11月。学校健体节、区体育教师基本功大赛、职称评审——这三件对我来说都非常重要的工作集中在同一个时段。这是一个大的挑战，但是我没想过要放弃，因为这是我的职责，是我的责任，虽然我做不到最好，但是我一定尽力。只是，尽了全力还是有很多不足之处，比如健体节开幕式忘了安排背景音乐。印象特别深刻的是，运动会前一天晚上九点多学校采购的凳子才到，我和黄主任拉着保安室师傅三个人，弄到十点多才摆好。好在这三件大事都顺利地完成了，健体节圆满成功，基本功大赛名次一般，但是我顺利评上了期盼已久的中级职称。回过头来看，其实也没什么，就像有人说的，当初望不到的山顶，现在也被我踩在脚下，登上山顶去看风景——这才是一种身心愉悦的感觉。

慢慢地，一切都变得好起来，一切都变得顺利起来。在工作中我尽量给新毕业的方新敏、金瑶一些帮助，传授一些有用的经验给她们；看着正德班一天一天地进步，一天比一天好，看着年轻老师脸上的笑容越来越多；在学校的教研课上，能得到大家的认可，能够得到校长的肯定……这些都是自己的高光时刻。学校安排某一项工作让我去具体负责，虽然有时候会有挑战和困难，但是这种被信任、被肯定的感觉，真的会令我身心愉悦。

从2019年9月的不适应到今年的身心愉悦，我感受到了自己的改变，不仅仅是工作上的改变，生活上也改掉了不少的坏习惯。非常感谢潮联学校给我带来的进步，给我带来积极的改变。记得余校长跟我说过一句话，“要向最优秀的人学习”，我一定谨记这句话，和优秀的人一起学习，一起奋斗，让自己更优秀，让学校更优秀。

我的创业故事还在继续……

让所有的辛苦都奔向甜蜜

口述人：杨丽华

泡一杯茶，拉上书房的窗帘，坐在电脑前静静地构思在潮联学校的创业故事，内心是无法平静的：回想当初下定决心离开一个工作了14年的单位、回想来潮联后面对的一个个困难、自己加的一个又一个班……想说的话太多太多了。这不仅仅是讲述创业故事，更是展示自己的心路历程，找一个出口释放心里的事！

说到为什么离开实验学校来潮联，这个环节的铺垫有点长，毕竟14年的感受不是100字能说完的。我在实验学校足足干满14年（含一年赴阳江支教），无论是其校园环境还是同事我都非常熟悉。在实验，由小杨熬成了“花姐”，一声“花姐”包含的不仅是同事的喜欢和尊重，其实更多的，我也懂，就是三个字——“你老了”。说来惭愧，人生的收获并没有跟年纪的增长成正比，虚度了好多年，这一点我也跟余校坦白讲过。

人生中总是会有几个重要节点，督促一个人不断改变。第一次真正让我开始反思的是2015年去支教那一年，其实那一年也没有做出成绩，但是身心受到了洗礼。艰苦的条件让我受到了折磨，回来后我对工作和生活都不再抱怨。不抱怨是一件很难做到的事，但是一旦做到后我发现它能改变我整个精神状态，由内到外激发我的活力！2016年我结束支教一回来就做了一件对于我来说意义重大的事——在实验学校担任了一个月的“执行校长”。在余校长的大力帮助下我做成功了。这次活动对我的影响是巨大的，对我的锻炼是多方面的，对我个人最重要的是增强了我的自信心。执行校长结束后我开始做级长，离开时我所带的那届二年级是当时三千多人的大校中最好的团队。

杨丽华主任为新入学的“小浪花”做入学教育

人生的第二个节点就是2017—2018学年，我对工作有了新的认识。余校给了我很多锻炼的机会，比如：接待外宾时讲述我的执行校长故事，每学期末都会在大会上发言，做“好班主任长什么样”主题分享，担任学校教学节上的访谈主持……充实忙碌而又快乐，我也得到了大家的肯定。我发现：原来工作不仅仅是天天围绕学生转，还可以有这么多新鲜模样，可以自由表达教育理想，可以用自己喜欢的方式来阐释某种思想。这种自由的、活泼的、遵循教育本真的教育生活，不就是我所追求的吗？

那时候，我的级组同事和谐又上进、级组工作屡被表扬，作为级长我感受到大家的喜欢和肯定。这大大激发了我工作的热情，每天都是充满精气神地投入工作。就在我沉浸在成功和充满希望的时候，余校调走了……这对我是一个很大的打击。因为我的一切改变都是她给我的机会，余校是改变我生活的重要他人。我对工作又开始懈怠，开始茫然。

余校走的这一年，说实话，我们级长工作比之前轻松。只不过，我对工作对生活的热情好不容易被点燃，突然又给我掐灭了。过了一个学期，我感觉到心里发慌，我开始思考怎么办，我的热情之火不应该就这样被掐灭了。我想要的教育理想是可以自由表达的，我想要的工作是可以点燃我的热情的呀！于是，我来到了潮联，顺理成章，心之所向。

来潮联学校上岗前，我给自己做好了心理建设：吃苦是一定一定的，开荒牛嘛。但是坚持也必须是一定一定的，因为这是我自己选择的路。说吃苦，是真的吃苦，但是再苦也比不过余校和黄主任还有谢校。

回想一下，2019年8月下旬到9月底是我最受挑战的一段时间。由于是建校元年，学校老师人数非常有限，每位同事都是多重身份、担任多份工作。学校安排给我的岗位是学校德育处副主任和一个班的语文教师兼班主任兼本年级级长。宣布岗位的时候，我心里在打鼓：我能干得好吗？尤其是德育处工作。不过又一边安慰自己：没事的，在实验学校做级长的时候一个年级12个班不也顺利带过来了吗？潮联学校第一年才4个班呢！

虽然只有4个班，可是遇到的挑战不小。开学初要编写家校手册、设计新生入学礼课程“我是潮联小浪花”、新生探校礼、开学典礼等一系列方案，这都是我以前没有经历过的。只感觉到以前储备的能力不足，在较短的时间内怎么高效完成这些工作？除了向两位校长学习，那就只有自己多花时间琢磨。一个又一个细节地设想、修改、请教、再修改，庆幸，这些活动都顺利开展并且成为全年德育工作的亮点。

开学后我又遇到一个困难：怎么举行升旗仪式？旗手和主持人都是6岁多的孩子，怎么训练？虽然经历了无数次升旗，可是落实到细节上我却一无所知，身边的同事忙的忙，不懂的不懂，怎么办？这时候我只有谦虚地向兄弟学校一次一次地请教。去他们学校录下升旗时旗手的每一个动作、主持人的每一个字，回来一点一点地训练。经过一个学期的练习，我们一年级小朋友也能标准地进行升旗了。

再比如，六一节到了，突然上级通知要对一年级学生举行入队仪式。在以前学校，这些事学校都会统一安排，我照着执行就行。可是作为德育处的新手负责人，我忘了这是需要我来安排的。这是一个非常庄严的仪式，整个仪式的每一个细节来不得半点敷衍甚至错误。那该怎么落实呢？我查阅资料、学习视频，四处请教，还是不能解答心里的一个个问题。于是我再次前往兄弟学校当面请教，一一记录下我的每一个疑问，再录下细节动作。那天离开对方学校走在马路上时，突然下起了大雨，眼看着我的学校就在马路对面，而我却在雨中进退两难！谁曾想到，我十几年的老党员居然为了学习少先队入队仪式被淋成了落汤鸡。本次入队仪式，由于我考虑细节周到，人员提前安排详尽，活动非常成功，得到了校长的肯定。

德育处还有很多很琐碎的工作，曾经我是被学校德育处领导着走，只要我认真执行就行；而今突然转换角色，我变成领导者，要去安排其他老师的工作。经验不足加上缺乏统筹安排意识，这些局限性让我常常措手不及又丢三落四、顾此失彼。比如到了周日晚上突然想起第二天班会课PPT还没有做；本月的班会资料又忘了收集了；周一早上遇到下雨升旗仪式临时要改为室内直播等等看起来很小的事，可是每一件事落实起来又那么具体，加之人手有限，我稍有考虑不周就会导致一个活动受阻。我经常是楼上楼下的飞奔，一边解答这个老师的问题，一边回复那个老师，这一年的德育处工作开展得很被动。令人欣慰的是，我们有个优秀的团队。谢校每一件工作都是手把手教导我要怎么做，有时上级的任务下发了，她看我忙不过来就悄悄替我做了；有时事情做得不妥当，她也是温和地说没关系，还站出来替我承担后果。余校每天都很忙，但是她总要抽出宝贵的时间来一年级指导我们应该怎么做，如早上在饭堂陪餐、烈日下在操场指导排队，甚至帮大家一起辅导后进生。她还经常鼓励我说："把德育工作干完一年，全部流程走一遍，你就会越做越好的，相信你！"两位领导的耐心、包容、鼓励给了我信心。

在主持德育处工作的同时，我还担任正一班的班主任工作。我没有料到，这一年班主任工作我做得如此吃力。2019年整个9月，内心都是保持高度紧张的，像是有一只手在心窝里，时时把我的心抓起来。曾经教学十四年我都没有用过扩音器，嗓子也没有损坏过，而在潮联一个学期我的嗓子就哑了，咽喉炎一直未愈，持续咳嗽了几个月。每当教室闹哄哄、路队乱糟糟的时候，我多么渴望自己是孙悟空能施展定身术！尤其是某某某同学，给我造成了很大的困扰。作为一个老班主任，我怎么可以跟一个孩子较劲？可是我又找不到方法。正在我很沮丧的时候，也就是10月学校派我外出上海学习，这次学习对我意义重大，它像救命稻草一样，把我从焦虑、鸡飞狗跳的日子解救出去，让我静下来可以有7天不用面对某某某同学。另外，这次讲课的老师和学习的内容，也让我对工作有了新的思考，比如那个付丽旻老师怎么可以把班主任做得那么成功又潇洒？那个德育处的同行怎么能有如此丰富的情怀？每个讲课的老师都让我羡慕，我知道我成不了那种名师，但是可以改变态度呀，努力去靠近这种境界。我特别特别要感谢学校、感谢余校让我出去认真学习了一次。非常非常的及时，雪中送炭，让我的心灵得到了沉淀，还获得了及时调整的心态和方法。回来后，跟某某某同学的关系也融洽了，我不再那么恼火了。我对家长更花心思了，取得了家长的信任和支持后，家长对自己孩子也更上心了，也等于减轻了我的负担。

虽然9月让我这个班主任做得非常囧，但是内心还是火热的、积极的。整个9月，除了完成工作，我利用晚上休息时间写出了两篇总结性文章，在余校的帮助下还顺利发表了，这给了我继续写东西的勇气。从上海回来后我又写了两篇文章，其中一篇投向了《班主任之友》，没想到居然一次就通过了，多么的惊喜呀！我赶紧把另一篇又投出去，没想到三天就过审了。真是太大的动力呀，这让我感悟到当自己很累很累的时候，感觉要撑不下去了不妨静下来动动笔写写心得、教育故事、案例什么的，我这一年就是这样走过的，一年中我一共发表了五篇文章。

一年来，我所带的班级班风正、学风浓，家长团结一心支持我的工作，事事走在前面。在线上学习期间，学校的每一项活动，我们班家长的参与率都是最高的。回归线下学习后，在家长的紧密配合下，全班学生很快适应校园生活，在期末考试中成绩优秀，也让我欣慰，一年的付出没有白费。

很多次余校对外来的客人介绍学校的办学情况时，我的内心都是骄傲的。因为我的脑子里还在浮现当时她戴着安全帽站在报告厅工地上的样子；浮现她和黄主任两脚泥巴的样子；还有黄主任2019年年会上泪流满面的样子。多么骄傲啊，最苦的时候我们都挺过来了，现在回头看每一个孩子都有很大进步，家长们绝大多数都对学校有了正面评价，我们也适应了潮联生活，所有的辛苦都奔向甜蜜。

这一年，虽然很累，但是每当我看到我们那一幅水粉画的全家福、我们隔几天就能一起喝奶茶、每天一起围坐吃饭，甚至从教室出来又累又热的时候走进"桃花岛"和瑶瑶、新敏开玩笑的时候，听到马老师逗趣新敏"让我们zan示一下"的时候，都让我感到彼此像战友又像家人般的温暖。我很喜欢这样的团队！

这一年于我而言，是人生中最苦最难的一年，而在工作中又是我收获最多的一年。疫情期间也是我人生的重要节点，当生活步入正轨后，我更珍惜这种平淡、正常的生活，更珍惜亲人同事朋友。这几个月的生活从精神上更加警示了我：要好好工作，对得起工作；要好好生活，爱人爱己爱潮联。

下学期，我们将会有十个行政班，师生也会成倍增长。而我，也将不再担任班主任，只是语文老师和德育处负责人。我将有更多时间和精力投入在学校德育工作上。但我深知，我需要承担的责任会更多，将面临的挑战会更大。无论怎样，站好讲台、守好潮联，不忘初心，在教育的路上一直往前走。潮联学校的事业将会热火朝天地继续，不管前方会遇到什么，我和我的小伙伴们为了心中的教育理想，定是披荆斩棘、乘风破浪，一起书写潮联学校更美好的篇章！

英雄之旅，乘风破浪

口述人：张文岑

不知不觉，来到潮联已经一年了。回想起这一年，感慨万千，心潮澎湃：第一次新雁入群的演讲，第一次当执行校长，第一次脱稿站在升旗台前讲话，第一次做教学评估资料，第一次做学籍……太多的回忆，历历在目。每一个回忆，都充满了故事。

张文岑副主任在潮联学校第二届创想节开幕式上讲话

回想当初：30岁的我，有了家庭和孩子，过着学校、家庭两点一线的生活；30岁的我，在七小任教三年级至六年级科学已经好几轮了。似乎生活和工作都开始陷入一种重复，让我觉得恐慌与不安。于是我想要跳出无限循环的模式，看看人生会不会有更多的变化与成长？

潮联，慕名而来

当我产生了离开的想法后，我就默默留意区内的学校。2018年，珠海潮联会捐资建立珠海市潮联学校，这是香洲区第一所捐建学校，在这一年，每次经过体育中心西侧都能看到潮联学校一天天成长起来。2019年，潮联学校正式移交，在新闻报道上，我看到了色彩缤纷的教学楼、明亮温暖的教室、清新淡雅的文潮书院、大气活泼的报告厅……

“一个好校长就是一所好学校。”当我知道潮联迎来了余校长时，这个迸发活力的新校舍会起怎样的化学反应呢？余校长是全国特级教师，是广东省名校长，创造了所有学生都喜欢的“创想城”，她鼓励老师们开发属于自己的课程……对于这所学校，我充满了好奇和憧憬。

于是，我报名参加了区内交流。感谢潮联、感谢余校长选择了我，让我加入潮联，成为一名“大浪花”。

困难，接踵而至

2020年7月，我来到了潮联学校。在新学校，人手不足，每个人都是身兼多职，除了多个学科的教学我也担任了教务处的干事和学籍管理员。在加入潮联之前，虽然我已经做好了心理准备，在新学校，遇到各种各样的困难是必然的。但对我来说，最大的困难来自没有想到教务处的工作是如此的繁杂、琐碎。排课、阳光分班、做学籍、评估资料、招生，每一样都是挑战。

一开学，就迎来了学籍工作，一年级的学籍信息需要家长填写，但经常有一些不规范，上传学籍系统不通过，第一次上传显示有50多条错误，因此只能一条条核对，一次次试错……

三年级的转学插班生学籍更困难，因为他们是有学籍的，所以只能一个一个转。这个过程需要在招生系统、学生入学信息表、学籍系统，两系统一表格之间来回不停切换，我连续操作10个学生学籍就感觉到头晕眼花。及时转入的要分班，没有及时转入的要反馈给班主任，提醒家长及时通知原来学校，有些跨省转学的还更麻烦。三年级总共有95个转学插班生，别的学校的学籍管理员都说，他们做学籍管理员10年都操作不了95个转学的学籍……

刚刚接触学籍系统的我，非常焦虑，因此很长一段时间都一直泡在学籍网上，经常加班，晚上时不时就点开学籍系统看一看还有多少学生没有转入潮联。最后在黄主任、宝玥、一三年级班主任帮助下，我终于按上级文件要求在新生入学一个月内即10月前完成了一年级新建学籍工作，11月不到三年级的转学生学籍也全部做完了，我也很开心。而一本学籍管理操作手册已经被我翻烂了……

随着我对教务处工作的慢慢深入，我越加发现这个工作不简单。举个简单的例子，教务处竟然要管理及运行11个平台的学校账号，这11个平台与每一位老师的继续教育、教研比赛等挂钩。潮联是新学校，很多老师都是从外校调入的，因此在开学后，就要在3个平台上操作把调入教师的账号转来潮联，给新入职的教师建立账号。每个平台的操作不同，转入进度不同，完成这项任务也是很艰巨。真不知道黄主任第一年是怎么搞定这11个平台的！

当然这只是工作的一部分，每一项工作对我来说都是全新的，都是一个挑战。加入教务处以后，虽然黄主任从未要求过我加班，但为了尽力把各项工作做好，我还是利用下班后的时间去完成备课和各项工作。

努力，向阳而生

来到潮联之后，我时常被学校的领导、周围同事积极的工作态度感动。劳累的时候，我想一想为了学校更好发展操碎了心的余校、谢校，没日没夜加班的几位行政，又要做备课组长又要做级长们几位骨干，还有不停在抓教学、做家校沟通的班主任和老师们，看一看7点还没有熄灯的年级办公室，我常常觉得这就是我坚持的动力，因为在潮联每一位老师都优秀，每一位老师都拼搏。在大家的身上，我感受到了力量。

当然还离不开同伴的支持。"黄主任，这个要怎么做？""晨晨，这节数学课要怎么上？""周主任，这页南方新课堂要怎么讲？""傅老师，这个计算这里是怎么讲的？""瑶，我们班刘某某好多次不交作业怎么办？""各位班主任，你们帮我看一下这里面的哪些学生可以提高成绩？"大家都毫无保留地帮助我。年轻的宝玥和赵宸虽然不是科学专业的，但也勇于参加STEAM大赛，积极辅导学生，而且做得有模有样。遇到什么困难，行政们总能在第一时间理清思路，同伴们为共同的目标互相帮助、配合，每一样工作都完成得很好。雁式前行，团队协作，在大家身上我感受到了温暖与支持。

正是由于这份力量、温暖和支持，让我坚持下来，就如花园里充满活力的向日葵，向阳而生。

奋斗，逐梦而行

一年不知不觉就过去了，慢慢地一切都好起来了。回看这一年，我走出了舒适区，完成了一个又一个不可能完成的任务，找回了奋斗向上的自己。在潮联的一年我感觉到自己做计划的能力增强了，教学方面也越来越顺手，各方面的能力都在提升。

在教务处能够及时完成每一项任务和挑战令我感到开心；在STEAM大赛的时候能够在余校、黄主任、周主任的指导下，跟宝玥、赵宸、淑婷一起努力，拿下优秀社团我感到非常珍贵；能够跟随余校一起学习PBL，参与“请你种诗”项目，我感到自己又掌握了新技能；在余校的信任和大家的帮助下我担任了执行校长，顺利完成了“创想节”活动，我感到很有成就感。回首过去，这些都是我的“高光时刻”，让我觉得所有的努力都是值得的。

余校说过“要向最优秀的人学习”，这里每一个老师都很优秀，都是我学习的榜样。下个学年虽然还是会遇到很多困难，但我相信，有余校和谢校的带领，有同事们的互相帮助、互相支持，我一定能够乘风破浪，直达胜利的彼岸。我坚信，在大家共同努力下，我们将涌现出更多更感人的英雄之旅！在大家共同见证下，潮联将取得一个又一个胜利！

第二章

脚下的土地

一个人想活得富足、坚强，一定要扎根在自己的土地上。

——摘自亨利·戴维·梭罗英文版《种子的信仰》序言

“生活家”课程：核心素养视角的PBL实践

口述人：余志君

珠海市香洲区潮联学校于2019年9月开办以来，聚焦核心素养中“自主发展”中的“健康生活”素养，构建了一套以“生活家”命名的PBL课程，我将其申报了教育部基础教育课程教材研究所的校本课程建设推进项目课题，获得立项。黄丽君、张文岑、奚晨晨、韩丽平、谢宇靖、杨丽华、周应辉、凌宝玥、方晓霞等教师作为核心成员，参与“生活家”课程的实施与研究。2022年1月，经教育部基础教育课程教材研究所的校本课程建设推荐项目专家组鉴定，“‘生活家’课程：核心素养视角的PBL实践”被评为优秀课题。

“生活家”课程以核心素养为导向，旨在培植学生的“健康生活力”，促进学生自主发展。基于项目式学习的“生活家”按照课程原理开发与构建，与学校办学追求相融合，形成项目式学习课程研制流程与基本框架，实现课程教学与学生实际生活的有效连接，提供了校本层面项目式学习课程开发样本经验。

"生活家"课程logo

一、课程目标

1. 培植学生的"健康生活力"，促进学生的自主发展。

2. 学生以PBL的学习方式，在真实情境中掌握解决问题的核心知识与技能。

3. 学生在PBL项目学习中获得并提升自我管理、团队协作、创造创新的能力。

二、课程内容

1. 设置课程领域。

"生活家"PBL课程，聚焦核心素养中的"健康生活素养"，包括三个基本要点：珍爱生命、健全人格、自我管理。我校据此设定"生活家"PBL劳动课程三大领域：我与自己、我与自然、我与社会。

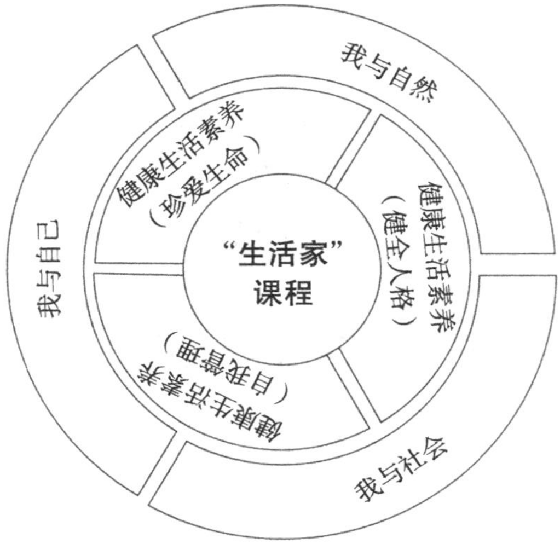

潮联学校“生活家”课程图谱：素养与领域

2. 设定项目主题。

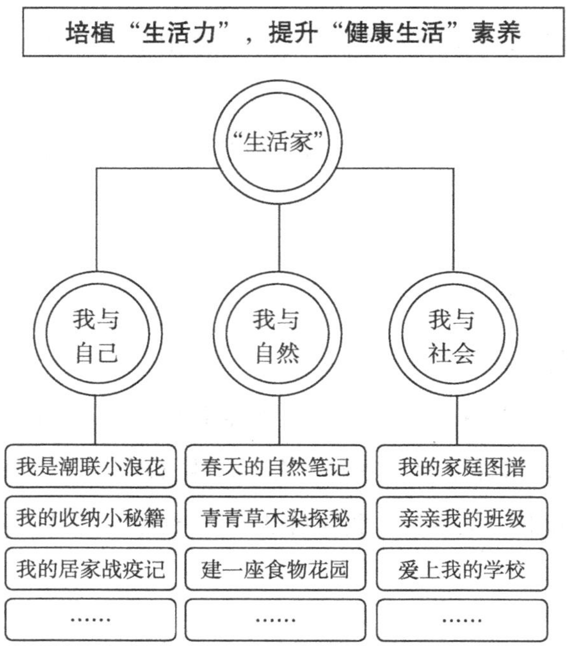

潮联学校“生活家”课程图谱：领域与主题

在每个项目主题下，形成若干基于真实问题、任务驱动的PBL项目，学生以小组方式展开真实的探究学习，通过搜集信息、调查研究、小组协作，解决问题，得出成果。

下图列出了三大课程领域、九个课程主题之下的18个PBL项目名称。18个PBL项目分为A、B两类，A类项目相对来说侧重于问题探究和体验，B类项目更侧重于问题的解决和成果呈现。在真实具体的学习情境中，A、B两类各有相对的独立性，而“A+B”亦可构成一个大主题PBL项目。

潮联学校“生活家”课程PBL项目设置

课程领域	课程主题	PBL项目
我与自己	我是潮联小浪花	A. 潮联浪花一日游
		B. 我是最美小浪花
	我的收纳小秘籍	A. 书包柜里有秘密
		B. 我的收纳小秘籍
	我的居家战疫记	A. 为什么在家上学
		B. 在家战疫我有招
我与自然	春天的自然笔记	A. 我给自然做笔记
		B. 潮园标本策划展
	青青草木染探秘	A. 青青草木染探秘
		B. 航海新衣手作坊
	建一座食物花园	A. 绿色肥料哪里来
		B. 建一座食物花园

续表

课程领域	课程主题	PBL项目
我与社会	我的家庭图谱	A. 介绍家庭各成员
		B. 欢乐家庭生日会
	亲亲我的班级	A. 班级岗位我能行
		B. 阅读戏剧分享会
	爱上我的学校	A. 我的学校我知道
		B. 我是社区小导游

三、课程实施

1. 确定课程实施对象。

潮联学校是一所新开办的学校，2019年秋季新校开学，逐年扩大招生。截至2021年7月，一年级至三年级10个班级均为“生活家”课程实施对象。

2. 确定“生活家”课程PBL项目设计原则。

原则一：做中学，在真实的任务中学习。

原则二：成果导向，以终为始逆向设计学习过程。

原则三：教学支持，每一步学习都指向成果。

原则四：制作量表，重视自我评估与师生评价。

3. 使用“生活家”课程PBL项目设计概览工具。

教师们参照“三有”项目式学习团队翻译自巴克·教育研究院（Buck Institute for Education，BIE）的项目式学习设计概览表，做了些微调整，依托这个概览表进行项目总体构想与设计。

潮联学校“生活家”课程PBL项目设计概览

<table>
<tr><td rowspan="2">基本条件</td><td>年级</td><td></td><td>课时</td><td></td></tr>
<tr><td colspan="2">由哪些学科教师执行</td><td colspan="2"></td></tr>
<tr><td>选题描述</td><td colspan="4"></td></tr>
<tr><td rowspan="2">学习目标</td><td>知识与技能</td><td colspan="3"></td></tr>
<tr><td>核心素养</td><td colspan="3">问题解决能力；
自我管理能力；
团队协作能力；
创造创新能力；
其他</td></tr>
<tr><td>最终成果</td><td colspan="4"></td></tr>
<tr><td>成果展示方式</td><td colspan="4"></td></tr>
<tr><td>驱动问题</td><td colspan="4"></td></tr>
<tr><td>入项活动</td><td colspan="4"></td></tr>
<tr><td>项目标题</td><td colspan="4"></td></tr>
</table>

4. 编制“生活家”课程PBL项目流程设计。

项目流程从六个方面展开：项目启动、知识建构、成果制作、评论修订、公开展示、反思迁移。这六个方面构成课程设计的六个大环节，我们的项目即按照这六个环节展开时间流与教学活动。教师们使用下表作为编制项目流程设计工具：

香洲区潮联学校“生活家”课程PBL项目流程设计

时间	流程	教学环节	教学活动
第×课时	项目启动	1. 驱动问题 2. 入项活动 3. 明确成果 4. 解读量规	
第×课时	知识建构	1. 项目分组 2. 知识探究 3. 技能学习 4. 尝试展示	
第×课时	成果制作	1. 制作活动 2. 实践探究 3. 合作排演 4. 初次展示	
第×课时	评论修订	1. 多向评价 2. 反思调整 3. 修改完善 4. 再次展示	
第×课时	公开展示	1. 正式展示 2. 互动交流	
后续	反思迁移	1. 终期评价 2. 延续讨论	

四、课程评价

教师们起初参考使用“三有”项目式学习团队翻译自巴克·教育研究院（Buck Institute for Education，BIE）的项目式学习三个评价量表：团队协作能力评估量规表（个人及团队）、创造与创新能力评估量规表（个人及团队）、展示技巧评估量规表。随后，教师们根据各自不同的项目需要，逐渐研制出灵活多样的评价指标和评价量表。

五、课程成效

1.“生活家”课程，让学生走向有生活价值的学习。

“生活家”课程在“我与自己”“我与自然”“我与社会”三个领域开展PBL项目式学习，将学生、学校、家庭、社区和真实世界联系起来。课程以真实的问题为学习的起点，最大程度模拟真实世界中解决问题的过程，从基于现实的问题或任务、真实的资源工具和材料，到现实世界中每个具体操作方案、涉及的相关人群等，让学生走向有生活价值的学习。

学生不仅是在学习知识。在一个个PBL项目中，我们看到充满活力的学生在更主动、更全情地投入学习。他们将学到的零散知识，在生活情境中融会贯通；他们在知识之外还习得与人相处的社会情感能力；他们不只是服从规则、跟随学习，还充满想象力、富有创造性地思考和行动——他们俨然是现实世界的实干家，而这些将伴随孩子一生的能力习得和素养形成，在项目学习中成为真实的可能。

2.“生活家”课程，提升了学生的健康生活素养。

“生活家”课程通过三大领域、六大主题、十八个PBL项目式学习，学生在一年级至三年级获得了健康生活素养的全面的提升。“我是潮联小浪花”，让一年级入学儿童认知自我成为小学生的含义，探索了解校园环境中的人事物，以更好适应幼小衔接，开启小学生活。“我的收纳小秘籍”聚焦书包柜、课桌抽屉的功能，个人学习用品的收纳流程和技巧，个人良好生活习惯、学习习惯的主动养成，从中享受良好习惯带来的效率成就与愉快心情。“我的居家战疫记”直面真实疫情暴露出的“几乎全民不会戴口罩”“全民没有勤洗手”的问题，让每个学生在PBL实践中掌握戴口罩、勤洗手、常通风、测体温、多锻炼等健康生活技能，从中懂得珍爱生命。“春天的自然笔记”在居家防疫情况下引导学生在家庭阳台、小区花园中观察自然，以家庭的方式开展PBL学习，感受自然的美好、自然带来的惊奇、人与自然的亲密，拓宽疫情下调节管理情绪的途径方式。“青青草木染探秘”进行跨学科PBL实践，数学的成本核算、科学的染色奥秘探究、美术的草木染T恤设计制作与T台走秀表演，学生在五育融合的案例实践中正确认知评估自己、持续行动展示自己。“建一座食物花园”引入朴门农业概念，催生出“选址、雨水收集、土壤与堆肥、选种育苗种植、昆虫旅馆、神秘花园与美、种植成果与节气美食”等系列PBL项目，拓宽了健康生活素养的生活空间。“我的家庭图谱”“我的学校我知道”“我是社区小导游”等项目让学生沉浸于越来越大范围的社会性活动，从中更好地认知评估自己，自信自爱积极进取。

学生健康素养的提升体现在三方面：一是懂得珍爱生命，以适当的运动和技能养成健康文明的行为习惯和生活方式；二是形成积极的心理品质，有一定自制力，学习调节和管理自己的情绪，身心愉快，乐观；三是提升自我管理能力，正确认识与评估自我，在生活、学习、劳动各方面有正确发展方向，持续努力。

3. “生活家”课程，让学生担负起主动学习的责任。

学生无须再疑惑“我们为什么要学这个”。“生活家”课程的PBL实践，通过树立“通过自身不断学习，从而改变周围世界”的学习动机来调动学生学习积极性。在真实问题和任务的驱动下，学生需要实地考察、与他人进行面对面沟通、使用不同工具尝试、瞄准方向深入研究等，还需要接受一轮又一轮的评价和反思，改进问题解决的方案或是想要呈现的作品。

三年级由插班生构成的翰学班依托道德与法制教材开发的“我的学校我知道”PBL项目中，为了潮联学校名字的由来、建设的背景而采访校长、调查新闻资讯，为了了解校园植物种类而邀请家长入校用手机APP一起来做植物名录，还分组做校园导游，一遍一遍地修改自己的PPT和练习演讲词。项目完成后，有的学生告诉家长“在学校最喜欢的课程是道德与法治课”，我们认为这是因为道德与法治课植入PBL实践因子后，学生更加主动地担负起学习的责任，在学习中形成了更积极的自我评估。

4.“生活家”课程，让教师把世界当教室。

课题组构建了“生活家”系列课程，形成一套PBL实操办法和课程工具。这些实践探索确保了“生活家”课程以项目为主轴、以学生为中心，以学科概念和原理为基础，学生通过参与真实的活动项目，对复杂、真实问题的探究，收集信息、调查、研究、协作，最终形成作品或解决问题，在现实生活中将知识学以致用。学习的起点、过程、成果，都与真实的世界相连，所有的探究都是对周围真实世界的思考和观察，教师在PBL项目中把世界当成教室。

把世界当成教室的教师，是一个课程设计师，也像一个项目经理：教学生怎么做项目计划；监管项目进行的方向、进度和最后的结果；引导学生持续探究、评价反思和改进，直至他们得到一个满意的答案或解决方案。当然，许多时候教师依然是一位导师、操作者和评价者。教师依旧掌握着教学决定权，他们要考虑的是如何最好地帮助学生理解和应用教学内容，适时创造新的资源并提供指导。尤其重要的是，教师致力于营造适合项目式教学的氛围，或者说建立项目式学习文化。

自制环保垃圾袋PBL

平衡鸟PBL从校园创想节走向区STEAM大赛

教职工参与“建一座食物花园”PBL

“生活家”PBL实践，让整个世界成为课堂

六、问题和思考

1. 以PBL为方式的学习需要良好的小组学习文化。

项目学习需要小组成员互相帮助、相互学习并一起完成复杂的任务，从而加深对核心概念的了解。全体教师都要重视小组合作学习、分享式学习的文化构建，在PBL项目进行中帮助学生确定各自的角色职能，为每个角色提供支持和工作清单，也要指导学生如何合作。

2. 学生囿于过去的学习经验，不习惯主动学习。

许多学生在项目中是被动的参与者，这样的感觉一方面是由于之前的教育经验导致的，另一方面是他们尚需要教师的引导。教师首先需要引导学生主动为自己的学习负责，例如可以更多地让学生参与到决策中来，教师可以设计一些选项，让学生在项目中参与选择，一旦参与了选择，他们就更愿意表达想法和付之行动。

3. 教师需要更多时间的PBL培训和实践转化。

优秀教学队伍是PBL教学的关键。部分骨干教师参加了国内培训工作坊，树立PBL教学理念，学习案例，设计项目，在校内推广。但现实中常因学校工作忙碌导致教师们没有足够的时间来进行有关项目的讨论。教师需要更多的培训来支持他们的PBL教学。PBL的学习和使用需要在实践中进行，对某些教师而言培训之后转变为教学实践也需要较长时间，这对研究构成挑战。

我把一个人练成一支队伍

口述人：方晓霞

时光荏苒，转眼我已在潮联这所美丽的校园度过了最为艰辛和难忘的第一年。回顾创校这一年，真是感慨万千，首先需要感谢引荐我走进这所学校的教研员刘庆珍老师，是她对我的认可和鼓励，让我勇敢跳出原有的“舒适区”，接受挑战，主动去发现和尝试新的事物。

还记得刚开学那会儿，在9月全区英语教师培训活动上，我从签到表的末尾栏找到了“潮联学校”四个字，签上我一个人的名字后才发现，其他学校的签名栏里，密密麻麻地写了好多老师的名字。进到会场，老师们不约而同坐在一块兴奋地聊起天来，而我呢，整个学校只有一个英语老师，我顿时倍感压力，心想，我要努力把一个人练成一支队伍啊！

有了在原来学校三年的英语教学工作经验，让我在一年级的学科教学方面稍微从容淡定许多，但是来到了潮联学校，创校第一年只有一年级，要做一年级的班主任我心里还是很忐忑的。

这不，开学第一天和正新班的孩子们见面时，我就注意到坐在角落里的一个小男孩，他叫阿木，眼神畏怯，充满恐惧，四处张望，时不时发出几声怪叫。等到中午放学时，所有的孩子都在走廊整齐排好队

方晓霞老师为前来探校的新生发放小浪花手册

了，可我发现，只有他还在教室里撕纸，我走过去牵他的手，手冰凉冰凉的。

好不容易把路队送出校门，我就赶紧给阿木妈妈打电话，询问他的情况。果然，阿木妈妈向我坦白，她生完二胎后有轻微的产后抑郁，经常会把负面情绪释放在孩子身上，甚至有一次情绪失控，把阿木一个人关在房间里，不让他出来。此后，她发现孩子的性格发生了巨大的变化，变得不爱与人交流，会突然暴怒打人，活在自己的世界里。这样的情况持续了两三年，幼儿园不愿意接收他，阿木妈妈只好把他送去私人学堂。

后来，阿木妈妈也逐渐意识到孩子的心理问题，花了更多的时间陪伴他，并且愿意向专业的心理老师求教，带阿木去做心理咨询，但仍然希望她的孩子能在正常的学校和班级中生活，不愿意承认孩子确实患有自闭症。于是，我在和阿木妈妈反复沟通后决定让她来学校陪读。但是由于阿木还有一个弟弟在上幼儿园要接送，下午她通常无法来学校陪读，阿木一个星期会尿好几次裤子，有一次甚至直接在课堂上原地大便，用手玩大便。当时我正在上创想家课程，学生来自各个班级，突然遇到这样的事情，我马上命令孩子们把门窗打开，迅速把学生转移到旁边的教室，带阿木去厕所洗手，但路上我实在是受不了了，胃里翻江倒海，还没到达洗手间，我就呕吐了。

事后，在一次周二下午例行的“德育430”会议上，余校长和杨主任主动给我分享了她们在原来学校遇到特殊学生的事情和处理办法，余校还介绍了一位特殊教育学校的老师给我，让我有机会了解到更多关于自闭症儿童的特殊心理和行为。

在第一年里遇到这样一位特殊的学生，对我来说也是一次成长的契机，我和班上的学生都可以提早学习如何与特殊孩子相处。我也有责任引导班级学生学会如何帮助自闭症儿童融入班集体生活中，因为我相信，每个孩子都应该被公平平等对待。

忙忙碌碌的一年里，虽然在处理班级事务和日常教学中感到焦头烂额，但也在担任微信官和执行校长的过程中获得了成就感和满足感。

由于在原来学校曾经做过学校微信公众号的运营和编辑，余校非常信任我，让我作为潮联学校的微信官，让我有机会通过公众号的方式，呈现学校的各种活动和风采。每次看到一篇篇精心炮制的文章出炉，看到同事、朋友甚至家长在积极转发朋友圈时，我都特别有成就感。

谈到这一年的高光时刻，要属担任三月华服节执行校长的时候了。感谢余校给我机会，让我体验了一把执行校长的滋味，也展示了自己在大型主题活动组织领导工作上的能力风采。2月初，由于疫情缘故，得知要延迟开学时间时，我就开始担心3月的华服节该如何在线上举办了。这个时候余校给了我很多的活动灵感，主动找我一起商讨活动方案，给我出了很多的点子，如冰桶挑战游戏的借鉴和改编。余校还灵活地帮我把教师的三八妇女节活动和首届华服节的前期预热活动有效地结合起来，帮助我获得了老师们的视频素材。每一个环节的推进，余校都事无巨细，帮我提前预设了很多问题和想法，站在另一个高度给予我指导。同时，每位老师在我需要帮助的时候都及时伸出援手，大家团结一致，使得华服节的活动推进得非常顺利，获得了家长和同事的一致好评。

华服节活动主要通过线上接龙分享视频的方式开展，拉近疫情期间被困家中的老师和孩子们的距离。通过这个活动，我发现不少平日里缺乏自信、默默无闻的孩子也找到了自己的擅长之处，在视频中变得落落大方，乐于表达；也惊喜于家长们制作视频的高超技术，用心程度不亚于孩子们。

自己担任了一个月的执行校长，有了亲身经历，开始懂得了余校曾说过的话：或许多年后学生们会忘记你曾经教过他们的知识，但当他们回想起小学六年时光时，往往是学校里的各项活动最令他们难忘，终身受益。

作为潮联学校创校第一年的开荒者，焦虑过，彷徨过，也努力奋斗过，欢笑过，希望未来的第二年，第三年，第四年……我都在这里继续见证潮联学校的成长，我的成长！

“斜杠”小萌新的英雄之旅

口述人：凌宝玥

还记得当时的我是一个大学刚毕业的小萌新，怀揣着对教师生涯即将开展的忐忑与憧憬，在教务处黄主任的引领下迈进了潮联学校的大门。与潮联学校的初见，并不美好，6月那时，学校还未建成，周围全是工地，机器隆隆，在一个简陋的铁皮屋里，盖下了标记我起点的公章。新的学校，聚集了各个学校的优秀教师，作为一名新教师，能够在这样的环境下成长，我感觉到非常的激动与幸福。

7月，在学校行政精心准备的破冰行动中，老师们的情谊和潮联团体的凝结顺理成章。作为新校的“开荒牛”，老师们都要承担起学校运作的职责，而一个教师人数只有12人的小团体，自然人人都要身兼数职，余校戏称我们这群老师为：“斜杠青年。”可当我看到我的职务栏上写着“数学老师/副班主任/学籍管理员/报账员/工资管理员/微信官助手”的一瞬间，脑海里只剩下一句话：“这是真的吗？”我不禁观察起了别的老师的职务，发现每个人的职务栏里都有很多的“/”，突然懂得了任务的艰巨，也懂得了余校对老师们的称谓中的含义。伫立在我眼前的，似乎是一座难以翻越的大山，是英雄历险的召唤。

面对挑战，要做的是克服而非逃避。8月，距离开学还有短短的一个月，趁着这个时间，我开始熟悉学籍、报账员、工资的操作。却无奈地发现每一个项目都有对应的系统、独特的流程以及文件要求，单单报账员这一项的相关文件就有几十个，让人无从下手。每天，我都处在一种焦虑状态，像一个无头苍蝇一般。庆幸校领导看到了我的难处，联系了别的学校的老师指导我学习，慢慢地我也懂得了一些窍门。仿佛这座厚重的大山，正在被我步履蹒跚地攀登。

一眨眼就开学了，看到小浪花们一张张可爱的脸庞，我心中的使命感冉冉升起。我想要带领他们走入数学的奇妙世界，为此每天我都在想办法营造一个积极的数学学习氛围，把数学的知识融合在一个个小游戏里，让他们能够在快乐中学习数学、理解并灵活运用每一个知识点、逐步建立起数感。然而除了教学工作，我还有财务方面的工作。有时候碰到了不会的东西，我就要重复看文件，学习和总结，实在无法操作，只能闲暇时打电话去问，却又恰巧别人在忙。有时候就算打通了电话，恰逢系统更新，文件要求不同，别人也不知道如何操作。每天我都要加班加点地忙碌，在努力奋斗、焦虑和精力耗尽的状态中循环。为此也有情绪到达崩溃点的时候，那时学校的领导和同事都会安慰我，给予我最温暖的关怀，余校还和我说她以前的故事，给我传授她的人生经验，浮躁的心又会慢慢变得平和。

经过了时间的沉淀，我的工作逐渐得心应手，似乎在悄无声息中，翻越了一座大山。我的时间规划越来越合理，工作效率越来越高，教学的经验也在逐步丰富。感觉这时的我，像是英雄的回归与重生，带着觉醒和领悟继续前行。

挑战总是在一切顺遂之际突然降临，十二月航海节，我成为执行校长，所有的安全预案、活动方案、主题班会等都需要执行校长全权策划实施。当时的我，手头上兼顾着财务的封账工作，临近期末的教学复习工作等等。在繁多的工作下，多有技巧的时间规划都将成为空谈。在高强度的工作下，我终是病倒了，突然的昏厥、身体的不适让我一度想要放弃，但考虑到工作还未完善，我不服输。多亏了余校和我一起商讨完成活动方案，贡献了她无穷的奇思妙想，比如说cos服装，闯关项目的名称。彩排的当晚余校还在和新敏一起修改会演的PPT，精美的图片都是她们一起找的。还有谢校帮我完善这个航海节的安全预案；黄主任在我生病的时候主动给大家解读航海节方案，做好航海节活动的物资准备；登姐在时间仓促的情况下把歌舞节目排得如此完美……可以说航海节汇聚了潮联学校每一个人的心血，是潮联精神的实体成果。

凌宝玥老师带领孩子们在香洲区STEAM大赛开幕式上放气球

回顾航海节活动当天，每一位老师、同学、家长义工都盛装打扮出现，化身为海盗、公主、女巫等有趣的动画或者电影人物。精彩的开场歌舞表演嗨翻全场，余校长化身为美丽华贵、航海节最最聪明的公主殿下，给大家带来航海节祝福。老师们成为镇守闯关点的魔法师、海盗、仙子，给小航海员们介绍各个闯关点的活动规则。开幕式结束后，航海员们有秩序地排好队，在各个闯关点跃跃欲试，他们有的在用英文回答“使者”的提问，有的正齐心协力在“码头卸货”（成筐的篮球），有的在“异域美术馆”静静欣赏美术佳作，有的在“狂欢之岛”参与舞蹈联欢……当然，最终大家陆续闯关成功抵达新大陆，并获得潮联学校吉祥物“阿湧”和“阿静”赠予的创校纪念版钥匙扣。

航海节活动的大获好评，离不开每一位老师的帮助，他们就是我的盟友，帮助我顺利闯过每一道历练关卡，翻过每一座高不可攀的山峰。我想，有他们的每一个时刻都是我的“高光时刻”，有他们的我成为我自己心目中的“英雄”，披荆斩棘，无所不能。潮联学校，遇之，我幸；爱之，无悔。

“不后悔”与“很喜欢”

口述人：吴玉真

有一种缘分，叫作我和新学校的缘分。毕业两年，我从金湾到香洲，从航空新城小学到潮联学校，从一所新学校到一所更新的学校，我在就业的同时也在创业。回想这一年的创业经历，我主要做了两件事——班级管理和语文教学。

“不后悔”

回想这一路，两年前的8月我在思考怎样才能不当班主任，而2020年的8月我在思考应该如何做好班主任，如何管理好班级。当我苦思冥想、束手无策的时候，余校邀请了一位经验丰富的优秀班主任给我们培训，分享她当班主任管理班级的经验。培训结束，我茅塞顿开，原来是那样教学生值日的，原来是那样教一年级孩子培养良好习惯的，原来……于是，有一种想法——“班级精细化管理”，或者是直白一点——“人人有事做，事事有人管”的班级管理构想，开始萌芽了。

想法归想法，不敢轻易实施。毕竟我带的是一年级，不清楚在低年级是否适合这种方法，害怕实施后没有效果，所有努力付诸东流。幸运的是潮联的行政领导和老师们给予我勇气和指导，谢宇靖副校长跟我说要规划好每一天要做的事情，一天进步一点点，德育处杨主任提供许多班级管理小妙招，奚级长给予坚强后盾，年级组老师互相帮助……有这么优秀的团队，我还有什么害怕的呢？

吴玉真老师在潮联学校第二届观察节开幕式上讲话

于是，我“大刀阔斧”地进行班级精细化管理，从“抓住‘早’”“重视‘一’”“善于夸”三个方面着手，实施“人人有事做，事事有人管”的班级管理方法。为了看到班级里的每一个人，让班中无闲人，为了看到班级里的每一件事，做到勿以事小而不为，我根据每个学生的特点和情况设置岗位：不讲卫生的学生做地板侦察员、在学校午托的学生做护花使者、课间喜欢追逐打闹的做安全小卫士、记性好的做电脑小管家……因人设岗既让学生在班级里体验到归属感和自我价值感，也有利于学生扬长避短，养成良好行为习惯。由于是一年级学生，为了避免学生“三天打鱼，两天晒网”，这需要我一以贯之地坚持。如果我不坚持，这些岗位慢慢地就会名不副实了。因此，实施之初，每项工作都需要我提醒和监督。经过一个学期的努力，我们远晴班孩子的行为习惯得到科任老师的认可，我的工作也得到家长们的大力支持。

2020年11月，我给阳江市部分小学校长和我们的兄弟学校华昌小学的老师们介绍我的班级管理方法——班级精细化管理。12月，我跟随余校去到平沙实验小学名校长工作站，与平沙实验小学、李兆南纪念小学和连湾小学的校长教师一起开展德育方面的教研活动，并登台发言。那是我从教以来第一次从幕后走到台前，第一次从教室里的三尺小讲台站到报告厅的大讲台上。这是我从未想过的，更确切的是不敢想。小小的潮联学校给我提供大大的舞台。

余校长曾经问我：“后悔来潮联吗？”当时，我非常没有底气地回答：“不后悔。”现在，“不后悔”是我内心坚定的答案。

“很喜欢”

这一年里，我思考的第二个问题是如何上好课。由于之前刚好在金湾区航空新城小学教过一年级，我自认为上课难不倒我。但在10月上评估课的时候，我发现自己的课上得一塌糊涂，后来有一段时间甚至不喜欢上课。

所幸遇见余校和我的师傅黄丽君主任，那天余校和黄主任给我评课，余校甚至亲自给我上示范课。后来，余校只要来一年级科组听课，都会从头到尾仔仔细细地点评，细到我们说的每一句话每一个词。记得余校评我上的“听故事，讲故事”这一课时，余校把我课上说的和课件上出示的每一句话都记录下来，然后逐句逐句给我分析。除此，余校还邀请外校优秀老师给我们上示范课，供我们学习。我的师傅黄主任也是如此，不管是我参加录像课比赛“我说你做”，还是我的考核课“动物王国开大会”，她都是一点一点帮我抠细节，出点子，最终我的考核课获得区教研员的好评，取得了好成绩。我们的一年级语文科组，任何老师上公开课，我们都会团结一心，共备一课。正是在这样的教学氛围中，我变被动为主动，开始思考如何上好一节语文课。

余校和黄主任的情境教学让我受益匪浅，让我逐渐融入课堂，也让学生参与到课堂中来。慢慢地，我发现自己喜欢上课了。

由于班级学生已养成比较好的学习习惯，学生在课堂上普遍比较认真，喉咙沙哑的我决定第二学期要轻声细语地上课。但是，这种状态在课堂中只能维持五分钟，不是学生不听讲，而是我逐渐投入忘我的境地，不自觉地提高音量。每次下课，自己全身大汗淋漓，汗流满面。贴心的孩子小声问我：“吴老师，你要纸巾擦汗吗？”那一刻，我才知道我上课的时候有多么投入。我从孩子的上课状态中，也看到了他们的投入。我想，这不就是上课的魅力吗？这不就是我想要的课堂吗？

随着自己逐渐站稳讲台，语文课堂渐入佳境，班级的语文成绩基本稳定在年级第一。在学校期末质量分析会议上，我做了题为“一年级语文提质策略”的分享发言，在潮联学校与华昌小学结对联盟的五月论坛上我也做了语文提质经验分享。后来我还成功策划了全校语文周活动，激发全体学生对语文的学习热情。

想起班上有个小女孩，家庭兄弟姐妹较多，母亲是文盲，父亲工作忙碌无暇监督，从未考到95分以上，上90分也是寥寥无几。这样一个基本被父母“放弃”的孩子在一次模拟训练中考到了98分。那天，她跟我说：“吴老师，今天是我这学期最开心的一天！”从那以后，我总能看到这个女孩上课时炯炯有神的目光，我想：她应该喜欢上语文课了，像我一样喜欢，很喜欢。

一路走来，一路成长。一年的时光，一个个故事。“不后悔”和“很喜欢”为我在潮联第一年的故事画上句号，里面蕴含我的收获与成长。未来，我将继续努力，与更好的自己不期而遇。

磨一堂语文课，办一个航海节

口述人：赵 宸

投身教育的第一年也是潮联学校创校的第二年，就业即创业。校长的细致、老师的敬业给刚入学校迷茫无措的我莫大的信心，让我相信能在潮联做出一番大事业。不过我需要时间去适应身份的转变，需要去学习如何成为一名人民教师、如何让孩子爱上我的语文课、如何当好一年级的班主任，等等。在潮联学校第一年的工作，我对陶行知先生所说的“德高为师，身正为范”有了更深的理解，也有了更坚定的教育理想和信念。

入职后也遇到了很多大大小小的困难，最终在大家的帮助下都成功克服。特别是在2020年的10月，在迎接评估的备课准备中，我得到了余校、谢校和黄主任等众多老师的点评指导。当时我们一年级语文备课组约定国庆到学校进行第二次试讲，不幸的是在国庆前一夜我发烧40摄氏度，试讲泡汤了，不过让我为之动容的是我们年级组其他老师线上帮我调整教案，再通过语音沟通，最终我在返校的磨课中得到了大家的认可与点赞。事后我也对自己的身体进行调整，反思革命的本钱要在平时就打好基础，必须加强锻炼。不久，余校请了特级教师曹靓校长来给我们一年级语文备课组上示范课“雪地里的小画家”，我将这堂课录下来，并一点点回放，整理出一份教学实录。整理实录花了不少时间，但也由此更细致地看到特级教师如何处理上课的每句话每个环节，比现场听课有了更多收获，也算是另一种形式的磨课吧！磨课中我在反思，初登教坛的我有很多不足，需要向师傅、同事们请教。

12月我担任执行校长，主持了潮联学校第二届航海节活动。航海节的成功举办就是我入职一年的高光时刻吧，从策划到实施我全权负责，现在回想起来仍十分激动——

那是在2020年的12月31日下午，每一位学生都化身小小航海家，驾驶潮联学校这艘大船驶向新大陆。简短而亮丽的开幕式上，湧静合唱团演唱的《小纸船的梦》、风信子舞蹈团的《胭脂妆》，还有身着华服精心装扮的教师们红毯走秀，令全体师生眼前一亮。伴随余志君校长的简短致辞，航海节拉开了帷幕。

航海节设置12个闯关环节，活动过程井然有序，笑声不断。在各位老师们和各位家长志愿者们的大力支持和高效配合下，活动圆满成功，孩子们度过了快乐又难忘的下午。“拜访交流”项目提高了孩子们的英语自信，在游戏的过程中锻炼了口语，培养了孩子们的语言自信；“盘点存货”项目，锻炼了孩子们的数学思维和口算能力；“珍惜粮食”项目让孩子们切身体会到了农民伯伯的不易；“丈量世界”项目通过使用卷尺对特定物品进行测量，锻炼了孩子们使用工具的能力；“节日你好”项目通过抽取节日卡片回答问题的方式，让孩子们加深对中国传统文化节日的认识；“识别天气”项目列出各类天气标识，培养孩子们在生活中对天气知识的识别应用能力；在“奔向前方”项目中，孩子们化身遇到风浪的航海人，通过玩跳房子的游戏锻炼了孩子们的四肢协调和平衡能力；“珍宝传递”项目培养孩子们的合作能力；“篮球称霸”项目通过拍球比赛锻炼孩子们的手眼协调能力；“航海画展”项目则是选取了一些孩子们平时在美术课上的优秀作品进行展出，引导孩子们发现

赵宸老师在潮联学校第二届航海节开幕式上讲话

美、欣赏美；“垃圾回家”项目则贯穿环境保护和垃圾分类的理念，考察孩子们对于垃圾分类的意识和知识；“欢聚时刻”项目则通过投入广场联欢、练习舞蹈动作来体会新年的喜悦……12个闯关项目，从德智体美劳多个方面让孩子们得到了锻炼，也加入了“珍惜粮食”和“垃圾分类”两个德育教育主题。我们还根据摊位布置、设计创意、参与人气、现场秩序四方面进行评选，最终“丈量世界”“垃圾回家”“识别天气”“欢聚时刻”“珍惜粮食”“奔向前方”六个项目被评为优秀展位。

这是我第一次当执行校长，感谢余校和各位老师对我的悉心指导和帮助，感谢学校给我提供这个平台。回顾整个活动，从前期筹备到活动当天的顺利开展再到活动后总结反馈，都少不了各位领导和老师的大力支持。主持本次航海节，增进了我与各位领导和老师的关系，我们在工作中有了更多的默契，我从心底里感受到了我们潮联学校的凝聚力和向心力。

一年的时间很短暂，仿佛昨天我才刚刚踏入潮联大门；一年的时间又很长，我在一年中学到了特别多的知识与能力。一份春华，一份秋实，潮联创校即将迈进第三年，将会有更多优秀的老师加入我们，我也多了许多新的学习榜样。希望在今后的工作中我们团结一心，砥砺前行！我要把一生矢志教育的信念化作热爱孩子们的甘霖雨露，让教育园地里含苞欲放的花蕾更好地绽放！

我在潮联爱上当老师

口述人：方新敏

我出生在广东省粤西的农村，家里的条件不好，但是我的家乡真是风景优美，好山好水啊，那里的人很温和、很质朴，虽然贫穷但很快乐。从小我就喜欢画画，没有钱买绘画工具，我可以拿棍子在地上画，也可以在用完的书本上、作业本上画。我想出去玩的时候，大喊一声同村的小伙伴就出来了，我们一起爬树一起抓鱼玩得特别玩心。我以为我会一直这样下去，但是随着年龄的增长，小伙伴不再爬树不再抓鱼了，他们有了新的生活，我的生活慢慢变得很无趣。

直到上高中，遇到我的人生启蒙老师——我的美术老师，他发现了我的绘画天赋，告诉我要学好专业，要我带着我绘画的热情走出小乡村，走向城市，甚至到高三要美术集训的时候他二话不说借钱给我去学习。他是我人生的贵人，也是我开启另一段旅途的启蒙老师。

我带着我的画笔来到了江西的一所师范大学，我带着这支笔获得了学校以及省市区的各种奖项，比较出色的一次是江西省学生基本功比赛中获得素描一等奖、速写二等奖、命题创作三等奖和全能二等奖。在大学凭着我的努力也获得了国家励志奖学金，在毕业时也获得了“优秀毕业生”称号。大学的我带着这支画笔赚到了我的第一桶金，我一边学习一边兼职补贴我的生活费，我画过墙绘、当过家教、当过幼儿至高中甚至成人的美术兼职老师，还在乡下的学校实习过，我带领学生、朋友一起学习画画、一起感受美术的魅力，很多不自信的孩子受到了我的感染慢慢变得自信，我仿佛找到了我的目标。

2019年6月我毕业了，这时的我有点迷茫。在大学的时候还有老师为我引路，但是出了学校，我的保护伞没了，所有的一切靠自己，我的未来面临着很大的挑战。一次偶然的机会我的朋友告诉我香洲区有一所学校在招老师，那是一所新的学校，那儿的校长特别厉害，是一位专家级的校长，那儿的老师特别优秀，都是一些经验丰富、获奖无数的老师。我知道我的机会来了，我只要跟着他们就一定会有很大的进步，所以我毅然决然地来到了这所美丽的小学当代课老师。

方新敏老师在潮联学校首届入学礼大会上擂响开场鼓

这里的校长跟我印象中的校长有点不一样，她带着她活力教育的理念在教育上闯开了一片天，在教学上能亲身示范，在生活上对老师很亲切，有任何不懂的问题问她她都能很耐心地帮助解答，或许这就是专家级的校长吧。跟她聊过几次我的梦想，我希望我是一位像我以前的美术老师一样的人，能帮助有困难的学生，能受人尊敬，我想在这个美妙的世界里挥洒，用画笔画出一张张希望，我也希望跟上时代的步伐，时时进步。校长很支持我的想法，在这个学校里她挖掘我的潜力，让我充分发挥自身优势，也让我接触新的绘画方法，我庆幸我能在这所学校当老师。

但是要想在这里当好一名老师不容易，我需要在刚进校园不到一个月的时间里担任执行校长，写一份活动方案，举办这所学校的首届创想节。我有点害怕，害怕我会把这个活动搞砸，害怕会办得不好，但是我的害怕是多余的，这里的老师很优秀，对我也很好，我有任何不懂的问题他们都能很耐心给我解答，在修改了几次后我终于写好了方案，在10月成功举办了这所学校的首届创想节，我把全校师生都带动起来体验了科学的乐趣，活动有魔幻泡泡秀、环保垃圾袋设计、纸飞机大赛等。我的第一个挑战有惊无险，虽然这个活动还有很多细节上的错误，但是我能从这个活动中总结我的错误，开拓我的视野，促进我的成长，也让我在这个学校留下了我的一笔光辉痕迹。十二月航海节由别的老师主持，我就帮忙设计了航海节的闯关卡、小画展等，这次的闯关卡要人手一张，不可能只是画一张画涂涂颜色这么简单，想到这个我决定试试用电脑绘画，接触我没接触过的领域，我希望能做得很好，于是我全身心地投入航海节闯关卡设计绘制工作中，最后呈现的结果也还不错，受到老师们和学生们的一致好评，于是我突然觉得在设计这个领域里我也可以做得很好，真是特别高兴。校长为此还邀请我参与学校吉祥物的动态绘制工作，将我设计的动态形象印制在学校文化袋上、学生的素质报告手册里。我受到了大家的关注，得到了大家的肯定，我很开心能在学校留下我的痕迹。

时间匆匆，我在这里已经一年了，在这里我收获了很多成长、收获了很多快乐、收获了很多温暖，我似乎比以前更加成熟了。在这里我充分感受到了教育的活力，真正地在挑战中学习进步，真正爱上了教师这份工作。以后的日子还很长，我希望我能带着我的画笔、带着这份活力，继续在教育的天地里遨游。

第三章

无涯的幸福

我也没有像鸟禽一般地歌唱，我只静静地微笑，笑我自己幸福无涯。

——摘自亨利·戴维·梭罗英文版《瓦尔登湖》第四章

请你“种”下这本诗集

口述人：余志君

“三月三，华服节，我把美好的诗歌送给你！”当学校庭院里的小叶榄仁簌簌落尽黄叶，一两阵春雨后以迅雷不及掩耳之势发出满枝满条的绿芽，潮联学校的华服节如期而至。着传统华服，诵中华美诗，3月的校园里洋溢着诗意。

2019年春天，潮联学校已经有10个班级。一二年级的同学在诵读经典古诗的时候，三年级的学生决定自己来出版诗集、发布诗集——这是学校诗歌课程“请你种下这本诗集”的场景。我很高兴亲自设计，携手语文、美术、综合实践活动等教师共同实施这个项目，在这个欣欣向荣的春天，真切感受到三年级孩子以PBL项目学习的方式发展出可喜的创造力与协作力。

入项：诗集可以种吗？

三年级的嘉学班48人、翰学班47人，全部是几个月前向全区公民办学校招收的插班生，入学后渐渐熟悉校园和师生伙伴。作为学校目前最大的孩子，理所当然地成为一二年级小同学的榜样。种诗项目在两个班

孩子们在校园里的太阳广场诵读原创诗歌

同时进行，待最后总结阶段，两个班联合起来发布成果。

当学生看到我在黑板上写下“请你种下这本诗集”时，一张张小脸上写满了好奇和惊奇，但更多是兴味盎然的表情。

“诗集是什么样的”“是谁的诗集”“诗集可以种吗”“谁来种”“怎样种下诗集呢”……一个个问题自然而然地产生了。

我提供了一摞诗集，有《向着明亮那方》《星星和蒲公英》《给孩子的100首新诗》……然后将诗集分给每个小组。两分钟后，各小组迅速发表了关于诗集的观察认知：诗集里不是只有一首诗，而是有很多首诗；诗集里的诗可以是一个人写的，也可以是不同的人写的；诗集得有个总的名字；诗集里面有目录；诗集里面有插图；诗集上印着某某出版社出版；诗集要让读者知道里面每首诗的作者是谁……

我将孩子们的发现一一记录在黑板上，给予赞许：“非常棒，你们这么快就已经知道了诗集是什么样的！”我接着介绍，“世界上曾经有一个诗人，做了一本与众不同的诗集，与你们手上拿到的诗集有那么一点点不同——美国的理查德·布劳提根在1968年亲自创作、设计、出版了一本‘可以种下的诗集’。”

孩子们看到了介绍布劳提根《请你种下这本诗集》的视频。简洁流畅的视频显示：这本诗集一共9首诗，其中8首是关于植物的诗，还有一首写的是植物的种植方案；8首植物诗被印在八个信封正面，背面是种植方法，信封里面则藏有相应的植物种子——雏菊、金盏花、胡萝卜等；封面的图案是布劳提根的蜡笔手绘，封底则写着“这本书是免费的”。

布劳提根的这本诗集，跟我们手上的诗集有什么不同？如果我们要在这个华服节种下一本诗集，需要做哪些工作？

通过小组讨论，孩子们迅速列出任务清单：

要写诗；

要把各人写的诗汇集起来；

要给诗集取一个名字；

要注明作者是谁；

要注明由谁出版；

要给很多首诗编一个目录；

要标出每首诗在多少页；

最好给每首诗画点好看的图；

要让封面吸引人；

要找信封或是纸张来做诗集；

要找一些植物的种子，像布劳提根一样把种子藏在诗集里，让得到它的人一边读诗，一边去种下这些种子……

当然，诗集做出来以后，还要开一场隆重的发布会！

就这样，孩子们在一个真实的任务驱动下，很自然地在小组里热议，很自然地发表各自的想法，在全班交流中每个小组也听到了其他小组的意见，仅仅在入项环节就表现出了这么高的参与热情、这么卓有成效的讨论结果，让我深受感染。

孩子们最终明确本次项目学习的最终成果是“原创诗集及其发布”，成果展示方式是“诗集发布会”。我则带领大家认识两份评价量表，一份关于“创新创造力”，一份关于“团队协作力”，每位同学可以在各阶段对照量表进行自我反思和评价。

探究：怎样当一个“小诗人”？

我给嘉学班、翰学班分别上了三节诗歌创作课。

教学设计安排五个基本环节：

环节一：游戏预热·导入；

环节二：解读例作·方法；

环节三：思维发散·导图；

环节四：分享创意·创作；

环节五：展示作品·评价。

经由这样五个步骤，每个孩子都能当堂完成至少一首诗歌的创作。其核心在于鼓励孩子发挥其天然具有的丰富想象力，运用“联想法”“替换法”等通向万物有灵的诗性世界。

第一节课，想象“我”变成了一棵植物，会发生什么；

第二节课，想象“我”变成了一种动物，会发生什么；

第三节课，把某物想象成另一物，想象会发生什么。

来欣赏几首孩子们的课堂大作吧！

荷花

作者：郑欣

夏天，
想去荷塘里，
做一朵荷花。
夏天的风
调皮地撞了过来，
但我
不慌不忙，
跳起了优雅的舞蹈。

自由

作者：余京哲

我原本是一只
自由的孔雀

后来
我被抓走了
我被逼着开屏
可是我不会

最后
我在大家的嘲笑中
“啪”——
我开屏了

可我并不感到

高兴

含羞草

作者：梁其琪

含羞草的叶片

是一把梳子。

玫瑰花说：

“帮我梳梳头发吧！”

含羞草点点头，

梳了一下又一下。

“啪”，怎么回事？

原来啊，

是玫瑰花的脸

笑开了花。

在写出第一首诗并得到我的肯定之后，孩子们开始期盼下一堂课的到来。课堂上的创作，通常10分钟左右就可以完成，然后都迫不及待递给我看。而我一定会在当天全部读完，圈圈点点，写上各种鼓励的话语，并挑选出一部分诗作做到我的PPT里，在下节课用几分钟来反馈点评作品中富有“创新创造力”的地方。

一周内，我们完成了三节诗歌创作课，每位同学都写出了3—5首诗。嘉学班、翰学班的95个孩子人人都成了“小诗人”！

制作：教室的温度都升高了

在这个环节，无论师生都需要借助合作的力量。

我的合作伙伴是美术教师曾溢萍、邱荔。尤其是曾溢萍老师，她有着长达五年的翻转课堂经验，当她得知这个项目只有一节美术课用于诗集的制作，她没有表示惊讶或困难，而是很确定地说翻转课堂可以达成这个目标。她从网上选购了两种制作诗集的材料，最终选定风琴式牛皮纸折页本，以及白色诗笺卡纸，精心制作了一个3分48秒的微课，清晰明快准确地示范分解诗集制作的过程和要领。科学教师张文岑也一直在项目中提供各种支持，她为孩子们准备了十几种植物的种子，雏菊、鼠尾草、薄荷、含羞草、凤仙花等，每个小组拿到的种子各不相同。张文岑还期待着这些种子在项目结束后被孩子们种在校园里，发展出4月自然观察的PBL项目。

孩子们用周末的时间收看曾溢萍的微课，选择自己最满意的诗作，誊抄在白色诗笺卡纸上，然后配以各色插图。按照小组内分工，有的孩子承担了封面页、目录页、封底页的绘制，还有的孩子负责给诗集里藏着的植物种子查询花语，打印种植指南，也做到诗笺卡片上，使其成为诗集的一部分。

期盼的美术课到来了，曾溢萍和邱荔两位美术教师同台授课，令人耳目一新。两位教师精心选择了孩子们周末做的诗笺作品，进行点评反馈，形成评价标准：构图是否合理；色彩是否美观；细节是否丰富等。孩子们迅速在组内，对本组所有同学做的诗笺进行评价，总结出需要改进的地方。两位教师指导各小组分工：推选两位美工较强的同学完善全组的诗笺，使之达到构图合理、色彩美观、细节丰富的要求；组长带领另几位同学，确定封面、目录、封底在风琴本上的位置，摆好全部诗作的顺序，以及植物种子和种植指南的粘贴位置，分工合作将所有内容用点点胶粘贴到位。剩余的时间，则全体动手，以绘画或粘贴胶印花草图案的方式对诗集的各处空白快速美化。两位美术教师不停穿行于小组之间，及时提醒点拨，让孩子们的小组合作朝着任务目标迈进。

真是一堂激动人心而又极其高效的美术课！所有的小组在任务驱动下，热情忘我地投入工作。下课铃声响起时，每个组的诗集都新鲜出炉，那种兴奋自豪将教室里的温度升高了几度吧！我和教务处黄丽君主任兴奋不已，也为两位美术老师设计的基于翻转课堂的高效美术课点赞！

展示：将童年与诗意定格

诗集制作完毕，孩子们翘首期盼一场正式的诗集发布会，让大家看到自己的成果。韩丽平、谭迪怡、刘淑婷三位老师用综合实践活动课给孩子们分小组排演预演，去露天的“太阳广场”熟悉场地和音响。黄丽君主任、周应辉主任带领后勤人员搬来折叠桌做展台，甚至还铺上红色丝绒布，供孩子们陈列诗集。张文岑老师买来粉红、粉蓝、粉绿三色乒乓球，按颜色不同在每个球上写着“诗歌创作”“美工制作”“小组协作”等评价指标，还无比细心地将评价单提前发给各小组，让大家有充足时间酝酿如何投票。孩子们利用早餐后的时间去展台上布置自己的诗集，又做了新一轮的分工：一位同学负责介绍本组成果，其他同学去观赏其他组的诗集，在评价单上预投票，等待正式的发布会上领到三色乒乓球后再正式投出本组的票。

2021年4月2日下午，在小叶紫薇、小叶榄仁环绕的“太阳广场”，嘉学班、翰学班的95位同学依着台阶环绕而坐，香洲区作协的两位诗人、兄弟学校诗社和文学社的负责老师也欣然前来参与孩子们的成果发布会。两个班级各派一位“金嗓子”联袂主持，全体同学身着各式华服逐一登台。小组长认真介绍着每位成员，随后朗诵本组诗集中的几首代表作，还以各具特色的方式向观众们拉票。14个小组汇报完毕，嘉宾老师、全体师生拿到分别代表“诗歌创作”“美工制作”“小组协作”等不同评价维度的乒乓球，进行投票。

计票阶段，嘉宾老师为孩子们做精彩点评——诗歌中纯真的童心与飞跃的想象力、每本诗集都像正式出版物一样要素齐全、登台展示时各小组的团结协作，都给嘉宾老师留下深刻印象。孩子们在这样一场隆重而丰富的发布会上收获了满满的成就感。最终师生和嘉宾采取点投方法评选出最佳创作奖、最佳美术奖和最佳合作奖，孩子们手捧成果聚拢在校园铜雕“童年的歌谣”旁拍下小组合照，将童年与诗意定格在这美好的一刻！

原创诗集展示与分享，小组投票

各小组手捧诗集成果合影

延伸：更多的PBL项目在校园里萌芽

“请你种下这本诗集”PBL项目落下帷幕。这个项目经历8个课时（语文3课时、美术1课时、综合实践4课时），产出三项成果：1. 每个孩子写出原创诗歌；2. 小组合作出版原创诗集；3. 召开诗集成果发布会。项目非常显性地让我们看到孩子们获得两项成功素养方面的进步：创新创造能力；团队协作能力。“以终为始、步步成就、合作为王、收获成功”——成为我们在这个PBL案例中收获的四个重要法则。

这是一个完整的PBL项目学习案例，涉及语文、美术两个学科，以及综合实践活动课程。由衷感谢项目成员：谭迪怡、刘淑婷、曾溢萍、邱荔、张文岑。跨学科的合作与研讨，推动了项目的深度探索与有效完成！特别鸣谢项目支持人：黄丽君、韩丽平、黄艾雯、周应辉。同时感谢学校后勤小组。各部门、各位主任、级长和老师都全心全意为项目提供组织、指导和服务，保障了项目的顺利实施！

此刻，诗集里的植物种子，随着诗句一起在校园里传播，更多的项目式工作和项目式学习也在校园里发生。我以嘉学班黄炳渊同学的一首小诗作为结尾吧——

蒲公英

作者：黄炳渊

早上，

我到草地上

种下一朵蒲公英。

阳光

会在我的种子上

写下一首诗。

清风吹过来，

种子飘到土里，

种下一本诗集。

风信子，再出发

口述人：陈 登

我在潮联学校的一年，没有紧张的训练，没有耗尽精力的比赛，更没有与学生和家长斗智斗勇的经历，甚至没有要上太多的课。每周一次的舞团排练，也没多长时间。所以，对我来说，这一年，是安逸平稳的一年，是波澜不惊的一年。在工作中谈不上碰到什么挑战，更谈不上有什么高光时刻。和同事们相处得很好，但要让他们谈谈我的优点，他们能想到的就是我每天为他们煲一壶花茶。这就像茶房的大妈一样可有可无。但即便是如此的平淡，我仍然十分享受这段时光。

过去在实验学校的日子，犹如坐在一辆飞驰的列车上，无法看清身边的风景。而现在终于可以安安静静地，坦然从容地去思考一下人生。当我在值班早上，在放学的午后，徜徉在宁静的校园，听得见风声，听得见鸟鸣，甚至听得见花开的声音，内心就充满了安宁。只觉得一切都那么美好，一切都是最好的安排。

这一年就这么朴实无华地走过了，但我深深明白，更大挑战仍然在前方默默地等候着我。这一年，就当是暂时慢下脚步，就当是一种休整。待到时机来临，我，还是得当一回自己的英雄。

陈登老师带孩子们做演出前的准备工作

而在那一刻来临之前，让我好好回顾一下我的过去，我是怎么来到这里的？我又是怎么调整好自己的心态准备迎接新的挑战的？

我想，当一个人告别过去，义无反顾地踏上追寻理想的道路时，是不是都会怀疑自己走得太过仓促？身后总有不舍的目光追随着你，让你不得不反思自己作出的决定。

而我的羁绊其实就是我一手创立的风信子舞蹈团和舞团的那些孩子。当得知我要离开的时候，那些可爱的孩子都哭了，看着她们泣不成声，我不由得感到无比愧疚："啊，原来我只顾着自己的理想，我忽略了她们！"

当初我把舞团命名为"风信子"，是因为风信子的花语是点燃生命，享受人生，是胜利，是竞技，也是喜悦和幸福。这些都是舞蹈要给人们传达的精神。我训练舞团的孩子们用自己的行动去诠释这种精神。每一个舞蹈的排练，我都和孩子们长时间相伴在一起，风雨无改。我们已经达成一种默契，那是共同对风信子舞团契约的遵守，对舞团精神的坚守。

对于我来说，这些孩子们就是《木屐阿妹》里的可爱少女，是《妹仔·渔笼·涌》里勤劳聪颖的妹仔，是《童年的荔枝基》里天真活泼的荔枝妹，也是《稻香》里的情深谊长的小姐妹……她们在舞蹈里的一颦一笑，一举手一投足，都深深烙在我心上。

我爱她们。

而对于孩子们来说，我就是那个每天在舞蹈室等候的身影，是排练时那个不停吆喝的声音，是演出时那双紧张关注的目光，是平时对她们要求苛刻，但休息时也会和她们说笑，时不时还会拿点小礼物笼络她们的那个人……

孩子们也爱我。

记得来到潮联开学没多久，我又返回实验学校，因为《稻香》被选上参加珠海市新年晚会的演出。我又见到日夜思念的孩子们，当我推开舞蹈室的门，迎接我的是欢叫声和一张张喜悦的笑脸，孩子们纷纷过来拥抱了我，每人还给我送上小礼物和卡片。晚上，我打开那些卡片，映入眼帘的是一句句暖心的话语："老师，我们好想您啊！""老师，永远也忘不了您！""老师，希望您能记住我。""老师，和您在一起的日子，是我最难忘的回忆。"……

演出的当晚，我们在后台拍了好多合照。开心之余，一个叫张艺馨的小姑娘忽然对我说："陈老师，你下学期回来好不好？"我笑着说"好啊！"内心却无限酸楚。

轮到孩子们登台，我守在灯光室，看着灯光下那一个个灵动的身影，那一张张如花的笑脸，那流淌着的款款深情，我知道，孩子们长大了，她们对舞台已经驾轻就熟，她们必将会在曼璎老师的带领下，勇敢地飞翔在更广阔的舞台上。

当最后一个造型定格，全场响起热烈的掌声。一直不肯与这班小姑娘道别的我，终于在心里对她们说：再见！

我已经在路上，理想就在前方，我必须继续向前行。但是这种种的羁绊啊，我愿意带上。在我累的时候，我愿意不停地回头张望，看看来时的路，想想那些我爱的以及爱我的人，然后，充满力量地继续向前奔跑。

我还是那个我，风信子还是那个风信子。我在哪里风信子就在哪里，我怎样风信子就怎样。一个人不可能故步自封在从前的成绩里面，必须勇于作出改变，这样的人生才不至于沦为平庸。当我感悟到这一点的时候，我已经踏上新的征途。潮联有一帮可爱而懵懂的孩子正等着我去塑造，潮联风信子舞蹈团也正在等着我带她走向光辉的未来。而我在潮联，终会有属于自己的高光时刻。正如上学期我在潮联学校作期末总结时候说的：一个怎样的老师将拥有怎样的孩子。感谢余校长精心组织的引导式培训会“英雄之旅”，向大家袒露心扉之后，我更清楚地意识到：过去的一页已经翻过去了，当新的挑战来临，你，必须要做自己的英雄！

真实的挑战

口述人：傅 播

怀揣着可以潜下心来教学，让教育回归本真这一教育梦想，在余志君校长的魅力感召下，在好朋友的极力推荐下，几度彷徨，我最后下定决心离开工作了18年的香洲区第十二小学，来到了一所全新的学校——香洲区潮联学校。

潮联学校带给我的是全新的感觉。全新的教学楼，色彩明快；宽敞的教室走廊，让人舒心；同事们亲切的笑容，特别暖心。教师心理课团训，专家给了各种金点子，一切的一切都是那么美好，带给我无限的憧憬。

正当自己对未来充满憧憬的时候，一个个让我难受的现实不断地给我当头棒喝。最让我难受的是学校的生源素质。因为潮联学校的学生都是来自全区各个不同的地方，家长素质参差不齐，家庭条件差，家长苦于生计，没有时间顾及孩子，还有的就是家长根本没能力跟进孩子的学习。学生素质也是参差不齐，孩子的习惯差，特别是生活习惯，学习习惯差。第一次家长会的情景现在回想起来我心里都还是拔凉拔凉的。家长们蓬头垢面，争先恐后地签到，与以前所带班家长光鲜亮丽地来参加家长会，有序签到形成鲜明对比。我在讲台上讲话，家长在座位上旁若无人地大声接电话，还有一个家长，家长会还没结束就不打招呼直接提早走了。家长如此不守规则！直觉告诉我，这个班的孩子可能会不好带，我今后的工作会很艰难。

正如自己直觉所料，这个班的孩子不好带。第一天开学典礼，所有的孩子都要到学校的报告厅去参加开学典礼，要参加入门仪式，还要接受局领导和潮联会各位嘉宾佩戴校徽仪式。如此重要的活动，老师和孩子们既兴奋又紧张，不停地有人在叽叽喳喳地讲话。突然，班里的小胖杨洛宁坐在地板上号啕大哭起来，怎么哄，怎么安抚都无效，最后只好请一位清洁阿姨带着洛宁在教室的架空层休息。这孩子的小学第一次开学典礼就在如此遗憾中度过。当天晚上我第一次睡不好了，我一直在想自己哪里没做好，哪里没关注到这孩子，这孩子究竟生活在怎样的一个家庭呢？

傅璠老师分享自己的“英雄之旅”

第二天早上，校门口的一幕让我彻底惊呆了！又是杨洛宁，不愿意进校门，坐在地上哭，他爸爸也不管孩子哭闹，提着孩子的衣领就往学校方向走，就像老鹰抓小鸡一样，孩子不愿意走，瘫坐在地上，爸爸就用脚踢孩子。见如此状况，我飞奔到孩子面前，首先批评了爸爸的不当行为，接着蹲下身给孩子拍干净身上的灰尘，用纸巾给孩子擦干净眼泪和鼻涕，拉着孩子的小手走进校门。晚上电话家访杨洛宁妈妈，才对孩子的家庭状况有了一定了解，洛宁家住中山，一共5兄妹，他排行第4，最大的哥哥上五年级，家里上学的4个孩子在不同的四个学校，爸爸早上要奔往不同的学校送孩子上学，送了孩子上学，还要赶去上班。路上耗时间不说，只要有一个孩子不听话，就会耽误其他孩子的上学时间，所以洛宁爸爸特别焦躁。了解情况之后，我意识到孩子是起床太早，起床气还在，导致上学不愉快。建议家长把两个大的孩子送去公交车站，让孩子直接坐公交上学就好。小的两个孩子就由爸爸接送上下学。家长接受了我的建议，接下来的日子里孩子没再出现哭闹的情形了。从此洛宁开始亲近我，信任我。

才按下葫芦又起了瓢，缺关注的杨洛宁我算安抚好了，可是班里其他特殊孩子又都冒出来了。能说会道的林咏昌，人很聪明，记忆力好，识字量大，因为家庭原因，从上幼儿园开始就被全托，经常周末都被托在幼儿园，性格焦躁，与同学相处时稍有不合他的意，他就要用脚踢人，不懂得与同学相处。课间总是有孩子投诉咏昌打人，班级微信群也有家长在投诉林咏昌。我每天都在疲于处理这些事情，白天要不断处理班里打架事件，晚上要打电话跟家长沟通，这种白加黑的模式让我很烦恼。

像咏昌这样不懂得与同学相处的孩子还有好几个，肖博霖、骆章扬、鲁淏然、黄俞霖。不会专注听课的孩子也有好多个，刘意轩和赖恩用这两个孩子还有读写障碍。这些孩子的状况让我非常焦虑，整夜整夜地睡不好，焦虑情绪和睡眠不足让我特别难受，也特别担心自己守不住教师的道德底线，会体罚学生。工作繁忙、焦虑不安的我终于病倒了，头晕头痛，各种不舒服接踵而来，但是我不敢休息，不敢请假，因为学校工作一个萝卜一个坑，作为班主任的我只有咬牙坚持，挺住。曾有几度，心里非常后悔，想着自己在原来学校可以平平安安，波澜不惊地混到退休，为何却偏要到一所新学校来做“开荒牛”，面对这么多素质参差不齐的学生，心里满是悔恨，满是绝望。

正当自己非常绝望的时候，余校长适时推出一系列主题校园节活动，让我看到了希望，找到了出路。9月学校推出浪花节，各班评选书香小浪花，文雅小浪花，如松小浪花、思源小浪花和巧手小浪花。文雅小浪花的评选标准是懂礼貌，不追跑，不乱丢垃圾；书香小浪花的评选标准是上课认真，作业书写规范、美观；思源小浪花的评选标准是早餐文明不浪费、不拖拉；巧手小浪花是会整理会收拾，特别是会整理书包；如松小浪花的评选标准是站姿好，会排队，路队安静。每一种小浪花的评比都在帮助一年级刚入学的小朋友规范自己的行为，快速适应校园生活。这个活动的开展，对我们班孩子行为习惯、学习习惯的养成有非常大的促进。一个月之后，整个班基本能正常有序地开展各项活动，我也如沐春风一般，终于可以喘口气了，焦虑情绪也缓和了许多。

随着十月创想节、十一月健体节、十二月航海节的开展，我们班的凝聚力在不断增强，家长参与班级活动的机会也越来越多，家长和老师之间的沟通和了解越来越多，相互之间越来越信任。特别是我所带班级在健体节获得团体总分第一名，对班级学生的集体荣誉感有了很大的提升。我感觉自己越来越轻松，焦虑情绪再次得到缓解。

最艰难的第一学期过去了，我满怀希望满怀信心地迎接第二学期的到来，可是遇到了新冠肺炎疫情。家长素质参差不齐的状况再一次地摆在了我面前。有的家庭没有网络，有的家长没有能力跟进孩子的学习，还有的孩子在老家乡下，根本没办法参加线上学习。余校长给出铁命令，一个孩子都不能落下，所有的学科、所有的孩子都必须有保底教学。本来对着学生可以侃侃而谈，可是对电脑操作不熟练、对着屏幕不会说话的我又开始焦虑了。但办法总比困难多，余校每周雷打不动的线上教研让我获得了许多好办法。微信、小管家、QQ、电话各种沟通渠道一起上。我和同科组老师凌宝玥分工合作，一个负责每周数学授课的课件和补充练习，一个负责每节课的重难点和习题的视频讲解。每天的课都让学生通过微信小组错峰上传，老师及时批改，学生及时订正。对于特殊的孩子特殊对待，单独交作业，单独讲解书本内容。将近三个月的线上学习，所有的孩子都没有掉队，真正实现了余校长要求的一个也不能落下。

因为每天的作业直接在微信上晒出来，所有的家长和孩子不自觉地在心里暗暗较劲，都憋着一股劲要把字写好，所以疫情期间，不仅一个学生都没有落下，而且孩子们的书写有了很大提高。期末检测，四个班的平均分都达到94分，及格率百分之百，优秀率88%以上。看到这样的成绩我心里是宽慰的，觉得所有的努力都是值得的！

散学典礼，班里的孩子们偷偷地筹集了自己的零用钱，在家长的协助下，给每一位老师都送上一束鲜花和贺卡，贺卡上写着："成长之初，有幸遇到您，感恩您的教导和陪伴！"看到这张贺卡，回首一年来自己的心路历程，从最开始的焦虑到缓和再到放下最后到宁和，顿时泪流满面。为孩子的成长和进步开心，同时也对孩子们的二年级充满向往……

拒绝危机，干一番事业

口述人：黄艾雯

7月，对我来说是个特殊的月份，并不是因为暑假在7月。而是一年前的7月，是我人生中一个重要的转折点，我正式加入了潮联学校。

那一年，我的状态一直处于低谷。我总是无来由地感到焦虑，感到自己止步不前，思考模式固化，仿佛每天都在用同样的方法处理类似的事情，我的这辈子已经可以一眼看到头了。时常听到的中年危机，原以为离自己还远，没想到，来得那么快。我必须做点什么，回归我投入教育事业的初心，做回那个想跟别人不一样，想创造点什么，想助学生身心成长的园丁。

于是我做了从业近十年来最勇敢的决定，踏出那个舒适圈，离开那个我事业起步、教我育我的地方，开始了这一段冒险。

余校让我谈谈来潮联后最困难的时期。其实回顾这一年，最困难的应该是做决定时踏出的第一步，就如一个刚入学的一年级学生，对未知的未来满是恐惧和忐忑，我怕我做不到，我怕我后悔。庆幸的是，在潮联，我发现身边都是一群努力突破自己，一门心思想着如何实现自我进步、帮助学生进步的同事。看到拼搏的大伙儿，我哪敢浪费时间纵容自

黄艾雯老师分享自己的“英雄之旅”

己感怀迟疑，开学的第一天我就火速融入这个团队，生怕慢一步就跟不上集体的步伐。

我接手的三年级很特别，百分之百由插班生组建而成，大部分来自全区各个民办学校。这样临时组成的“联合部队”，学习水平参差不齐，对新学校感到陌生，确实跟我以往带的班很不同。刚入学时，过半数的同学连拼音都没认全；教数学的韩丽平级长还要教他们按格式书写阿拉伯数字；有一部分来自外省外市的学生，根本没接触过英语；课间操时，我看到有的学生生硬地跟着比画，一问原来“七彩阳光”这套操他们没有学过。我们意识到，带这届学生的任务十分艰巨，但是韩丽平级长、谭迪怡老师、张竞原老师、我，还有后面加入进来的刘舒婷老师，我们都发自内心地想干出一番事业来！每每遇到问题，我们就以余校宽慰我们时说的那句话“方法总比困难多”激励自己，开动脑筋，再努力一点，一定能够解决！

这一年来，我们在“绿柳山庄”（三年级办公室）共同商讨分析，相互学习相互借鉴，暗暗较劲又携手共进，为了学生的进步，绞尽脑汁。有过垂头丧气，也有过暗自流泪，但是，身边总有同事伸出手拉我们一把。让我们自豪的是，学生在进入潮联后各个学科各方各面都取得了肉眼可见的进步，2021年学生插班入校满一周年刚好遇到全区期末抽测，学生获得的成绩在全区名列前茅，这就是最好的证明！

谈到潮联学校的教师，家长都纷纷竖起大拇指，好几位家里有二胎的家长都说希望弟弟妹妹也能来潮联读书。我们真正做到了让家长满意、学生满意。这一年，朝着同一个目标打拼前进的经历，让我对三年级团队、对潮联同事特别有归属感，我敬她们，我爱她们。

在潮联学校，我也实现了我个人的进步。潮联是一所鼓励全员学习与发展的学校，余校十分关注师生的成长。在这一年里余校安排了不少讲座，老师们受益匪浅。其中有她亲自给老师培训如何做课程、课题，还到各个班上课，手把手给我们做示范；还有同事之间分享教学经验、班级管理的讲座；也有找外面的资源给我们培训，如正副班主任培训，朴门永续设计培训，读书分享会等。通过这些培训，我得到很多启发，很有实践的欲望。说句不恰当的，我感觉我在潮联焕发了事业的第二春。尤其在管理班级美化教室方面产生了很多新的想法，也做了一些新的尝试，我把教室当成我的家来布置，哪个角落摆放什么东西能够让学生身心放松又能无形中启发德智体美劳的发展，小至一个磁铁钉子的颜色，我都要反复斟酌。这些都是自发的，不是为了讨好谁，也不是学校逼我去做的，我是发自内心地想要做得更好。

朴门永续设计讲座的讲师说，每个人都有向往大自然的天性。当今，电子产品环境下成长的一代人不像父辈那样可以在大自然里自由玩耍、跟大自然交流，在生活中缺少与自然的接触，可能会导致抑郁、多动、无聊以及孤独等症状的出现。余校在学校开发了食物花园，并邀请学生参加务农。我曾担心同学们会嫌累嫌脏，不愿意参加。出乎意料，孩子们都欢呼雀跃抢着报名，特别是班上平日淘气调皮的孩子最是热烈。班上有个个子高大的男孩手举得特别高。他在情绪管理上有点困难，是我的重点关注对象。一次放学，我刚把路队送出校门口，就听到他跟爷爷大喊大叫，声音响彻一条街，家长们和同学们都纷纷瞩目。我赶紧过去看看什么情况，这一去不得了，我还没劝几句，孩子直接在车来人往的街上奔跑起来，我和爷爷两人拦都拦不住，万幸没有出意外。这事过后，我在班上对他小心翼翼，怕触碰到他的逆鳞引爆他的脾气。我想，何不把朴门永续设计这一套方法拿来试一试，说不定能够让孩子找回心中的平静呢。刚好开学时家长给班上捐了几盆绿植，我就指定他为班上的小花匠，让他每天打理浇水。他特别认真地对待这份工作，班上的绿植一个学期后比他经手之前葱郁了一倍。为了表扬肯定他的能力，我后面跟他商讨又给班上增加了一些蔬菜类的植物，并把第一次收成送给了他。让人惊喜的是，他在学校再也没有大闹过一次脾气。后面我把这方法推广开，让他去带班上另一位爱打闹的孩子一起养花，希望更多的孩子能够从中受益。

在这一年里，我在班上制定了全新的图书管理方法；举办了几次学生自主投票的优秀作业、手抄报、画作评比。看似简单，但都是我根据班上的情况自主创新的形式。下学期，我将多听多看多思考，进一步完善班级的管理制度。

又到7月，潮联学校进入第三年，又迎来了很多新的同事。期待新的学年我们碰撞出不一样的思想火花，有更多的创意实践，我们在潮联一起干一番事业！

初心少年的寻宝路

口述人：金 瑶

大约二十年前，妈妈将我从沙堆里拎出来，像怪兽一样踩烂我的“沙子城堡”，折断我的“树枝宝剑”，像大部分父母一样用最温柔的表情说着妈妈不希望你当一个英雄，只想让你平平安安长大这类残忍的话。

不知道是否应该感谢小小的我对父母的话左耳进，右耳出。二十年后，小小的我离开了那个小小的城市，带着行李与“宝剑”，踏上了这一条充满荆棘的寻宝之路。

第一次来到潮联学校，我像一只刚被放出笼的小鸟，连眼睛下方刷得精致的睫毛都在欢呼。那天，我围着这所美丽的学校转了一圈又一圈；那天，我轻轻地用指尖拂过教室里的每张课桌；那天，连海水味的空气，都是笑眯眯的。

在这座陌生城市找到了工作，找到了住所，遇见了新的同事、学生和家长，整理好了办公桌，打扫好了教室，一切的一切都美好极了。

但如同所有英雄电影的老旧桥段，我也遇到了“取经路”上约定好了的“九九八十一难”。

金瑶老师在入学礼上率远思班孩子穿越“学习门”

一年级班主任兼任语文学科的工作让我在第一次教师例会时暗自后悔没在小时候的梦里学会哪吒的三头六臂神功。每天的备课练习，偶尔让我感觉置身高考备考时期；每次考试阅卷都能让我犹豫第二天要不要去医院检查下身体；而当有孩子敲响办公室的门的那一刻更是让我体验了一把“紧箍咒”的刺激。

当一个人拖着疲惫的身体回到陌生城市中的空荡房间里；当明明丧得要命却要在踩上校门口第一块瓷砖时露出最职业化的笑容；当无助的孩子失控，在教室崩溃大哭；当因为疏忽导致工作失误……一个个难关像海水涨潮时张牙舞爪的浪花，打在脸上，将人拍得晕头转向。又像是在失去空气的月亮上，孤独、寒冷又令人窒息。

幸运的是，我的征途中不仅有“八十一难”，还有住在“桃花岛”（一年级教师办公室）的“救兵们”。

在这里，如果遇到棘手的事情，所有老师都会帮着想办法，主任的电话在凌晨也会开着，可爱的校长会拉着你模拟现场；在这里，你可以随意走进一间教室，去遇见每一个优秀的教学课堂，去收获满满的知识干货；在这里，任何一场活动都会有全员“出击”；在这里，有体育老师教的英语和英语老师教的汉语拼音；在这里，有傅老师的炒牛肉，凌老师的小炒肉，陈老师的凉拌牛肉，杨老师的炒辣椒，黄主任的荔枝，方老师的青团，马老师的蛋挞，校医姐姐的奶茶和余校的茶叶蛋、绿豆汤。在这里，美好的回忆如同洒在银河里的碎钻，每一颗都比星星更闪耀。在这里，有家的温暖。

我想，如果不是在这里，如果不是遇到这样一些美好的人，可能我早被“巨龙”踩在脚下。他们就像我的英雄一样，在我就快跌下山崖的瞬间，拉我一把，推我一下。那些看似艰难无比的大山，再回头看的时候却变成了一个个小土坡。

最后的时光里，一切的潮水在打了一个浪后又匆匆地退去，小王子的星球上也会开出美丽的玫瑰花。你我皆是立志屠龙的少年，带着满身泥泞在废墟中找宝藏。祝我们往后所向披靡，成为盖世英雄。

校医姐姐的英雄之旅

口述人：王婉君

人的一生中总会面临很多的选择，选择学业、选择工作、选择婚姻……每一次的选择都会改变你的人生轨迹，结果怎样并不重要，所有你经历的都会成为日后人生道路上珍贵的宝藏。

2019年8月底在一个机缘巧合下我来到了潮联学校。刚接到通知的时候，我也犹豫了很久，因为校医这个职业和我之前所熟悉的工作完全不同，它是一个全新的系统和工作环境，这对于按部就班的我来说是一个很大的挑战和突破。在一番激烈的心理斗争下，我毅然决然地选择了潮联学校，至此，我和潮联学校的缘分拉开了序幕……

来到学校后我面临的最大的挑战并不是工作有多累有多忙，而是“孤独”，这个词现在回想起来也依然五味杂陈。记得正式工作的第一周，一个人在一个硕大的办公室（现在依然很多老师经常打趣我说独自在一个VIP套房），对着电脑，感觉有很多事要做，但又完全摸不着头脑需要做些什么。校长和老师们都忙得焦头烂额，只有我在原地不知所措。再加上刚来到这个学校，大家还不太熟悉，连个说话的人都没有，这让我非常焦虑和茫然。记得有一天下班，整个人特别沮丧，心情跌落到了谷底，回到家吃饭的时候终于忍不住哭了起来，其实我这个人平时还是比较开朗的，很少会哭。当时就想要不要放弃，还是回去干自己的老本行吧，但是，又转念一想，再坚持一下吧，来都来了。慢慢地，我开始调整自己，积极面对工作的各种难题，慢慢融入大家，有空就出现在学校的各个地方，操场、课室、桃花岛、学校门口……就在这样的坚持再坚持之下，我走了过来，而且走得越来越有信心！

当然，在潮联学校也有很多属于校医室的小故事，更有一些工作中不可预知的突发事件。我的第一个寒假就发生了一件所有人都不愿意发生和经历的大事，就是“新型冠状病毒”。它出现后改变了很多人的工作和生活，当然也包括我。这个“小怪物”的破坏力相当地强，以致带给了我在日后工作中最大的挑战。开学前我一直处于高度焦虑和紧张的状态，每天看着上报的一大堆数据惆怅不已，想着开学后怎么办啊，怎么去做到最大限度地阻止这个“小怪物”的入侵呢？后来我发现我的紧张和焦虑都消除了，在学校领导快速有序的决策下，我们展开了一系列的开学前准备。就拿一个简单的校门口测温来说，学校为了准确快速地把控好学校防控第一关，专门安装了一部红外测温仪，这个仪器非常准确省时省力，但是它的缺点就是异常的敏感和娇弱，阳光充足的时候它就会一直语音报警“体温异常”。记得安装好后的一天，我和余校站在那里反复测试，只听到“体温异常”的报警声此起彼伏，这让我们感到无比的惊悚和恐慌。随后我们想出了很多对付它的办法，调试摄像头感应的位置、设立隔离带引导学生们在阴凉处绕一圈再测温等等，想想当时真是绞尽了脑汁来应对。但是好在我们都一一克服了，现在这个“小怪物”也在大家共同的努力下一点点地瓦解。忽然发现，无论当时你觉得多大的困难和挑战，回头再来回想和讲述的时候你总可以云淡风轻的，笑着把它一带而过。

另外，我还有一个小秘密，那就是我有一瓶“神油”，它可以包治百病哦。校医室总会迎来一些“小病号”，他们有时候会说：“校医姐姐，我头有点痛。”“校医姐姐，我肚子有点痛。”……这个时候我总会拿出我的法宝来，轻轻地涂在小肚皮上面、太阳穴上面，再轻轻地揉一揉，“小病号们”顿时药到病除，精神抖擞。你们猜，这个“神油”是什么呢？有时候去办公室和老师们分享这些有意思的事情时，老师们总会说：“班主任和任课老师帮他们涂都不管用，一定要校医姐姐来涂才可以哟！”呵呵，就这样我们在欢声笑语中度过了一天又一天！

王婉君校医在校门口为防疫演练做准备工作

不知不觉中，来到潮联学校已经一年了，经过一年的工作，让我获益匪浅，既锻炼了自己，又认识了许多新的同事和朋友。我成为所有人的“校医姐姐”，从中发掘出了自己无限的潜能。期末临近，看着老师们忙碌的身影，很希望能尽一点自己的绵薄之力，在花姐每天的召唤下，帮忙做了一些微不足道的小事，这些小事情都让我感觉到无比的喜悦，这象征着我已经融入了这个集体，也得到了大家的信任。特别是当我合同一年到期的时候，花姐的一句话让我难以忘怀："校医姐姐，下学年你还签合同吗？那么好的校医姐姐，我们舍不得你走哦！"虽然一句简简单单的话，但却让我感动不已。

回首这一年的工作，不禁思绪万千，虽然刚开始无比的彷徨和忐忑，但是幸运的是，学校各位领导和老师们对我的工作给予了很多的关心和帮助，也给了我极大的肯定和支持。大家都像一家人一样，这让我感觉到很温暖，也让我在自身的岗位中越来越得心应手。通过这一年的工作和相处，我也更加地了解学校和老师，看到老师们的付出和努力，备受感动，同时也学习到了他们的拼搏精神，特别是老师们轮流做"执行校长"这件事，每个人的创意和执行力都深深地令我折服。印象最深刻的是"航海节"，我也荣幸地参与到了其中，每位老师和同学都扮演着自己喜爱的卡通人物或者电影角色，连余校都穿上了华丽的汉服，那可是"公主范儿"十足呀！不仅可以穿着美丽的服饰，还有趣味十足的小游戏，通过自己的努力闯关来赢得奖品。同学们玩得开心，就连我都玩得不亦乐乎，流连忘返。还有很多很多有意思的事情和经历，它们对于我来说都是珍贵而又美好的回忆，也对我以后的工作生活有着极大的影响和鼓舞。

每个人都是自己心目中的英雄，回顾这一年，我不禁在想，哪个时刻是属于我的"高光"时刻呢？就在防疫检查顺利通过、全校顺利复学的那天，我们所有人站在校门口，迎接着阔别已久的小浪花们，看着他们排着队，间隔着1米，依次消毒手进入校园。那一刻，阳光照耀在小朋友的脸上，他们的表情透露着对校园的向往，老师们的脸上也洋溢着幸福的微笑。我想，那一刻，应该就是我的"高光"时刻吧！

想说的话和事很多很多，但我又是一个不太擅长表达自己情感的人，所有千言万语化作一句话"感恩遇见"！感恩遇见"无所不能"的余校、感恩遇见"温柔能干"的谢校、感恩遇见"独当一面"的黄主任、感恩遇见“雷厉风行”的花姐、感恩遇见“多才多艺”的登姐、感恩遇见“细心敏锐”的傅老师、感恩遇见“幽默风趣”的马老师、感恩遇见“慧心妙舌”的晓霞、感恩遇见“朝气蓬勃”的宝玥、感恩遇见“美丽大方”的新敏、感恩遇见“可爱勤奋”的瑶瑶和未来更好的自己。

时光如梭，生命如歌，珍惜在潮联学校的每一天，不忘初心，携手共进！

第四章

找到永恒

你必须活在当下，乘着每一个波浪前行，在每一刻找到你的永恒。

——摘自亨利·戴维·梭罗英文版《梭罗日记》第十二卷

让每一位教师闪闪发光

口述人：余志君

关键：调动每一位教师的积极性

香洲区教育局朱秀湖局长有一次召开小学校长“神仙会”，让各路神仙——校长们谈谈“如何调动教师积极性”，我不由得想起自己几段工作经历中对这个问题的不同认识。

2005年，我在海口做校长。那个时候我认为它的秘诀在于“利益的分配”。定岗、定责、定量，看得见的工作全都跟绩效奖挂钩，多劳多得，少劳少得。看不见的工作，就给隐性的利益。整个学校秩序稳定，每个人埋头做事，办学质量也相当不错。

十几年前，我有机会做教研员，接触到大量一线教师，我发现这个秘诀是“理想的激发”，或者也可以说是“欲望的激发”。就像当拿破仑说出“不想当将军的士兵不是好士兵”，他其实掌握了把野心转化为部队战斗力的法宝。而教师呢，我亲眼所见，当他们内心那小小的理想被点燃，就会坚韧不拔、一步一步战胜困难，在普通岗位上取得巨大成绩，成为更优秀的自己。

2013—2018年，我在实验学校的岗位上又有了新的思考。调动教师队伍积极性的秘诀，在我看来是“需要的满足”。这个需要，不是基本的物质方面的需要，它更多是精神和价值层面的，比如归属感的需要、被尊重的需要、自我实现的需要。我的做法大致可以归为三个方面：

一是改造学校环境氛围，满足教师归属感的需要。我们花费了很多的心思，比如：通过一个大型建筑“文体综合楼”项目，将原本分裂的高低两个部连接起来，一道长廊就能从北门蜿蜒贯穿到南门；改造24个教师专用办公室，它们拥有不同的色彩，但每一间办公室都同样拥有一座身边的迷你图书馆；彻底更新学校的网络，千兆到桌面的速度，让办公室成为工作乃至节假日加班的理想场所。学校里每个学期都有变化，教师们惊叹地发现、欣赏并融入这变化，不断加深对学校的归属感。

实验学校还会每年讲述学校的故事。2015年的主题有“时光不老，我们不散”；2016年的主题是60后、70后、80后、90后教师代表漫谈教育人生；2017年的主题是漫谈实验学校十几年的发展历程，谈“我与实验共成长”。我将教师们的叙述编成一本书，书名叫《寻找实验精神》。书里的每一页，都写满了教师对实验学校的认同和贡献，传递出在这里工作的归属感。

二是建立好的机制，满足教师被尊重的需要。每个教师都需要被看见，被认可，被赞赏，被激励，好的机制令这一切成为可能。我们最初确立三年的种子孵化计划，前提是像梭罗说的“我有种子的信仰，我不相信没有种子植物也会发芽”，而“你就是这样的一颗种子”。四十多个项目陆续破土，大量的种子教师、种子课题、种子社团成功孵化，后来三年是教师专业发展引擎计划，提供澎湃不绝的动力，让更多的教师走向优秀。

香洲区实验学校有180位教师。队伍这么大，怎样让每位教师都感到被尊重？需要动脑筋，尽可能创造多元的评价，让每个人都觉得自己很重要。比如民间立场评选颁奖的“七十二变星教师”，比如每个月一位普通教师来担任“执行校长”，正式地任前谈话、任职宣言、履职总结；比如各种各样的论坛（课程叙事、教学主张、深度视点等），陆陆续续七八十位教师可以展开自己的PPT侃侃而谈，被来访同行追着要PPT时特别有成就感；又比如微信公众号推出“创想导师”专栏，无论你在哪个方面有那么一小手，都有机会刊登风采。教学上的能手，课程中的巧手，班级管理的高手，或是看似平淡无奇的教师，我们总能找到其闪光点，为其提供舞台，令其被看见，被认可，被赞赏，被激励。

三是形成好的文化，满足教师自我实现的需要。面对香洲区实验学校体量比较大的这么一所学校，我重视制度建设，制度是纲，纲举而目张；我也重视文化建设，文化为魂，魂归而神安。在任几年间，我持续推进组织架构的扁平化，以年级为单位的组织令“分权”与“担责”成为可能。底线+榜样，底线+创造，成为学校在制度建设与文化建设的平衡器，也成为教师自我实现的助推器。

实验学校的活力文化，内在价值是“知行日新”，外在表现则是一种相对宽松的、安全的、允许试错的教师成长文化。很多时候，不强求全体教师整齐划一，也不奢望所有人都在奔跑，有的走得快些，可以带动团队探索得更远，有的走得慢些，可以提醒团队谨慎前行。我们把这看作教师队伍的自然生态，一种自我实现需求驱动下的稳定状态。

在这样的学校里，我作为校长的重要职责在于——倾听、支持、鼓励、帮助。让教师的需求得到满足，让每一位教师在学校找到自己工作的意义和价值，让每一个生命都闪闪发光——这，也就是我作为校长的工作价值和意义所在。

与香洲区实验学校的大体量相比，潮联学校是一所小规模学校。开办首年，全校仅有10个教师编制，加上2个聘用岗位，一共12位教职工。新校开张，万事开头，一切都要经历从无到有，人手紧、任务重、压力大，真可谓百倍艰辛。如何充分调动积极性，激发每个人干事创业的激情与创造活力，让每一位教师都在潮联学校的舞台上闪闪发光，是我面临的新课题。

潮起：潮联教师团队吹响集结号

2019年7月，潮联学校即将建成交付，开学在即。我向首批选聘教师发出第一次集结号令，借用香洲区实验学校的会议场地，于7月6日开展了第一次培训活动。这次活动成为潮联学校卓越教师研修第一期，我将之称作："潮起"。

一位校长、十位教师的团队，如何凝聚共识、紧密协作、达成学校愿景？我需要比以往任何时候都更加彻底地贯彻一个原则：降低管理重心，删减管理层级，为团队每个成员授权与赋能，让每位教师在新学校的舞台上尽情展露智慧。第一次集结，是我们彼此的初识，是潮联愿景的共启，是各人职责的授受，是千里之行，始于足下迈出的重要第一步。我采用引导技术优化这一天的会议设计，以调动每位成员的热情参和团队活力。黄丽君主任曾多次担任我的会议助手，她提前准备了分组式的桌椅、画架和大白纸、卡片纸、马克笔以及粘贴墙。

7月6日下午的活动有四个环节，我担任会议主持人，或者说会议引导师。

环节一：破冰热身。

我简要介绍整个会议的内容和流程安排后，出示一张网络图片，请大家谈各自的联想，得出面对同一图片各人却会有完全不同的揣测或立场，从而强调三个会议规则：彼此尊重，不评判；畅所欲言；有感而发。将这三个规则置于粘贴墙，再邀请大家谈谈对墙上规则的理解。这是会议的规则，但也隐含着未来团队合作共事的规则。

紧接着我邀请大家自我介绍：姓名及含义；自画像；来自哪里；来到潮联的愿望。我们逐一分享，迈出相互认识、彼此了解的第一步。

为了更好破冰，还需要有一些互动。因此将10位教师分成两组，组内成员在5分钟内快速寻找小组成员的共同点，而且是肉眼看不到的共同点——这能有效促进团队成员快速交流，氛围迅速热烈起来。两组分别派代表发布共同点的时候，已经笑声一片。

环节二：入职演讲。

每位老师都用心制作了PPT，做8分钟演讲。内容包括三方面：①我的专业拿手活儿；②我过去工作的学校做得最好的一点，以及还可以做得更好的一点；③对潮联学校新岗位新旅程的愿景。

我们用心倾听彼此，发现每一位伙伴都是如此优秀，瞬间集聚起对这个新团队的信任与自豪。傅璠老师的“忐忑、温暖、期待”，新手教师凌宝玥的“三下乡”与“教师梦”，杨丽华老师的“寻找诗和远方”……讲的是个人的选择，也描绘了我们这群人共同奔赴一个方向、开启创业旅程的决心。

环节三：校长演讲。

我做了主题为“潮联，向着理想出发”的演讲。从“我们”这个主题词开始，逐一呈现10位成员的专业背景与特长，以及每位成员会聚到潮联学校的过程，宣布我们创校团队正式成立！我简要讲述了与潮联会共同建设学校的过程，也谈到借助自己主持的广东省名校长工作室邀请省第二师范学院和华南师范大学的教授前来论证办学理念的情况，初步展示了校徽、校歌、楼名、室名等学校文化的初步构想，重点则是阐释“让教育激发生命活力”的办学理念。我描绘了潮联学校的办学愿景，希望每个潮联学生都能成为“生活家、创想家、航海家”，每位潮联教师都能找到自己的专业坐标、专业方向、专业主张，在潮联学校的活力教育中实现自我、成就自己。激情、梦想、责任、成功——我们从这里

2019年7月6日，潮联学校教师团队首次集结

出发，我们在潮联创业，我们要共同开创一个美好的未来！

黄丽君主任带领团队简要小结：你对校长演讲中印象最深的是哪个词？或哪个画面？我听到了老师们的回应，感受到团队的心在凝聚，我们从四面八方走到一起，已经准备好迎接全新的挑战。

环节四：参观新校。

下午，我们离开会场，前往潮联学校工地。一个月后学校就要建成交付了，但此刻工地上仍一片施工状态。学校正门仍在围挡中，操场坑坑洼洼仍未种草，我们从靠近大马路那侧的施工通道进入校园，踩着操场上的泥土，大家真切感受到“创校”的氛围。两位筹建助手黄丽君、马驰，引领老师们参观校园，从教室的采光、楼道的宽度、卫生间的色彩，到横梁的去除、瓷砖的拼贴、防撞条的嵌入，建校过程中的各种故事娓娓道来。夕阳金灿灿的，几栋建筑的白色外墙砖、绿色与橙色交替的装饰栅条被照得格外明丽，我们的脸庞眼眸也都闪闪发亮、熠熠生辉。我们想象一个月后就要在这里奋斗，迎来潮联学校的首届学生，难掩激动，在鸣谦楼前拍下了潮联学校教师团队的第一张合影。

原本，这一天的培训会议是按照上午、下午设计的，但有几位老师的原学校安排了上午给她们欢送，因此潮联团队的会议就改成了下午和晚上。

晚上，我们回到香洲区实验学校的会议室，继续我们的参与式会议。

环节一：视觉探索卡。

我使用了上海田勇老师推荐的视觉卡片。过往的引导式培训，田勇老师都给我许多支持和帮助。黄丽君老师预先将一百多张彩色卡片打印出来，现场将卡片散放在地面。我邀请大家离开座位，围着地上的卡片站成一圈——

“这里有一百多张各种内容的卡片。听完下午的演讲、参观了校园，哪个画面最符合你对未来潮联学校场景的想象？”

“挑选一到两张最符合你的想象和期待的卡片，拿起来回到小组坐下。请每个人都在小组内分享一下自己的这个卡片、自己的想法。”

“听者拿出纸笔，记录一下每个人发言中最打动你的核心关键词。”

“待小组成员分享完毕，大家一起看看手上有哪些核心关键词？从中挑选3—4个小组内最认同的，贴到粘贴墙上。”

10位老师分成两组，依托视觉卡片展开分享交流，每个人都摘录了同伴发言中最动人的关键词。当这些卡片上墙后，我们又将类似的卡片归类摆成一列，一共有六列。大家给每一列卡片概括一个标题，一共是六个标题：携手成长、扬帆起航、爱己爱人、涌现惊喜、激发活力、创造经典。然后，我邀请大家对每一个标题以及所属卡片加以想象性的描述、创造性的诠释，表达我们对新学校的愿景。

环节二：漫游挂图。

我们刚才那么投入与创造，就是理想的团队。理想的团队，是靠我们自己来创造的。

下面我们围绕三个问题展开讨论：

①当事情变得困难富有挑战的时候，我们希望拥有怎样的团队氛围？

②对于我们这个团队而言，可以指望每个人有什么贡献？

③我们要建立怎样的团队规则（行为共识），可以让我们合作更顺畅？

事先已在会议桌外圈摆放好三个画架，夹好了白报纸，白报纸上已经分别写好了三个问题。10位老师分作三组（A组、B组、C组），对三个问题作漫游讨论。每组在每个问题面前停留三分钟，轮换。大家在很短的时间里漫游了每一个画架，对每个问题都提出建议，这些建议都被迅速写在白报纸上。

漫游结束时，每个问题都搜集到了三个小组的意见，而每个组负责就一个问题向大家汇报，我们感受到了群体智慧迸发的成就感，甚至初步感受到在新团队的归宿感。

我们做了一个简单的结束圈，然后就宣布大家的岗位分工，安排暑期工作。短短的一天，无比饱满的一天，吹响号角开启新征程的一天。

最后是一个甜蜜时刻——我们幸福地品尝了黄丽君老师亲手制作的大蛋糕。从此，每年7月上旬的教师会议，我们都会准备一个隆重的大蛋糕，庆贺一个学年度的结束，欢迎新人，一起纪念潮联学校的诞辰。

潮起：让所有的辛苦奔向甜蜜

潮联学校于2019年8月19日建成移交，我和团队正式接管学校。350天的工程建设总体扎实细致，然而时间确实太紧，留下许多问题给校方后续解决和完善。我们聘请了一位校医，招标购买了一家物管公司，全力以赴投入开学前诸项工作。

8月22日教师们返校，我们在一张会议桌都没有的空荡荡的会议室里摆了一圈椅子，围坐在投影屏幕前，召开新学期工作会议，发布了开学前系列工作。短短不到十天，我们紧锣密鼓召开各种会议、开展岗前培训、做好开学准备。回看当年工作备忘录，我们要做的包括但不限于以下内容——

涉及学校制度与要求的会议，如：学校制度与考勤要求、党员学习会议、学校工作计划解读会议、德育工作与正副班主任会议、学科教学与集体备课制度会议；

细化开学前预备周的具体工作安排，如：阳光分班工作安排、一日作息安排、教师课表安排、行政与教师值日安排、各班级教室卫生清扫与环境布置验收、首次新生探校活动安排、首次家长学校活动方案布置与培训；

邀请专家或专业技术人员入校做专题培训，如：小学生心理成长的刚性需求、正面管教的智慧与实践、教学平台、电子班牌、门禁系统、图书系统操作培训；

加大学校宣传的相关工作，如：教师个人形象大片拍摄、团队全家福合影、校园静景拍摄、微信栏目设置与推送模式研讨、微信宣传小组培训会议；

后勤工作更是压力巨大，如：我们自身对学校水电网等各套设备的摸索熟悉；购买服务对全校进行彻底清洁；物业人员上岗培训；食堂招标与开餐准备，以及迎接食药监局的各项检查；教育局派来的白班特保与学校聘用的物业夜班保安的配合磨合；与隔壁幼儿园通用水电系统带来的缴费问题处理；地下车库管理系统的运作方式；潮联会与学校教职工出入门禁的权限范围与设置；门卫室一键报警系统的安装与测试……

如此种种，不一而足。那是怎样的忙碌啊！千辛万苦，新生首次探校、家长学校首次授课取得圆满成功，有位家长说孩子意外被调配到这所新学校，本来很失落，没想到是这么好的一所学校，真是祖坟冒青烟了！这样的反馈成为对我们的激励，随着学校公众号的图文推送、特区报媒体的多次采访报道，新学校形象几乎每天都在惊艳教师们家长们的朋友圈。我们每个人的小马达以超强劲动力，热情万丈、不知疲倦地日夜运转，将酝酿了许久的美好融入所有的琐碎，用心细致做好一切准备，向着开学的日子冲刺。

9月2日举行潮联学校开学典礼，也是首届潮联学生入学礼。上午十点，柳林风剧场，四位女教师的开场鼓气势如虹，《潮联蒙养颂》配乐朗诵缓缓响起，铿锵有力。国歌奏响，全体师生和潮联会、区教育局领导齐唱国歌。我发表简短的新学期致辞，欢迎孩子们加入潮联大家庭，祝愿各位同学在潮联学校的怀抱里健康快乐地成长。随即我为潮联学校首届学生四个班级授班牌——正一班、正新班、正泰班、正德班成立！四位班主任老师高举班牌向孩子们致意，孩子们欢呼鼓掌。悠扬的校歌旋律响起，舞台上出现了三座富有象征意义的彩门——健康门、礼仪门、学习门，孩子们在班主任引领下，跟随自己的班牌，依次穿过。这一仪式意味着孩子们未来在这里习得礼仪、学有所得、健康成长。最后，击鼓明志。激动人心的三声鼓响，各有含义：一击鼓，志正行远；二击鼓，爱己爱人；三击鼓，我是优秀的潮联小学生！

2020年春季北山会议，我们让所有的辛苦都奔向甜蜜

原想着开学后一切能缓下来一点，事实上根本没可能。光是放学就让整个团队焦虑不已。骄阳下，校门内教师们拼命想把队伍排成形，校门外挤满了翘首的家长、多家托管机构的工作人员，而队伍里的小不点们有相当一部分对口令对指挥对托管的标志牌完全无感。四位班主任都手忙脚乱，有的已多年未做班主任尤其没有做过低年级班主任，有的是新任教师对一年级幼童完全是不知所措。

我们当机立断，每天中午在食堂碰头，边吃饭边交流遇到的情况，提出改进意见。每天下午4：30全体碰头会议，进行每日三问：有哪些做得好的？有哪些不足？明天可以怎么改进？进入第二周，局面稍稳定，队伍较成形，列队上下楼稍安静，放学较有秩序，而教师们的嗓子也几乎全都嘶哑了。

第二周我开始进入课堂听课。10位教师中有4位是刚毕业的新手，课堂必须从一开始就关注，新手上路一开始方向就要对、路子就要正。一听课，自然也就会摆出更多的问题，教师们面对多重挑战有更多焦虑。但考虑到开学第二个月就要迎来香洲区年度办学评估，每位老师都可能现场被评估组听课，我们决心在万事开头难的9月就狠抓课堂教学，听课、评课，再听课、再评课，无论压力多大，咬着牙一天一天、一周一周走下去。

事实证明，当时的决策方针和咬牙坚持都是正确的。新手教师进步飞快，而这种专业上的点滴进步成为新教师奋进的信心源泉。是这种进步感、成就感、获得感，支持着大家忘却了辛苦，或者说让所有的辛苦奔向了甜蜜。

劲歌：每位教师都是主角

调动教师积极性是校长管理学校的关键。我坚定地信任团队，同时我也相信团队中的每个人都希望自己的声音被听见，自己的付出被看见，自己的疑惑被回应，自己的创意被共鸣，自己的成绩被赞赏。这种需求应该被尊重，被满足。所以我坚持举办专业论坛，每位教师都是主角，每位教师都成为优秀经验的发布者。

我们有周年论坛，每年7月，即一个学年度结束的时候举办卓越教师成长营，包含新旧成员不同主题的论坛。

2019年7月，香洲区潮联学校卓越教师研修【第1期◎潮起】；

2020年7月，香洲区潮联学校卓越教师研修【第2期◎磨剑】；

2021年7月，香洲区潮联学校卓越教师研修【第3期◎劲歌】……

每年7月，新教师（区内流动教师、毕业生招聘教师）前来报到，都要参加这个卓越教师研修班，并在论坛亮相。以2021年7月卓越教师研修【第3期◎劲歌】为例，整个上午安排两个论坛：一是“英雄之旅——故事分享”，由上一年加入潮联的教师按照“想了—试了—拼了—成了”大纲，每人5分钟分享自己在潮联一年来的奋斗历程、成长收获，特邀新入群的教师点评；二是“新雁入群——就职演讲”，新加盟的教师每人7分钟演讲，内容包括介绍自己的专业拿手活儿、在之前学校做得最好的一点和未来还可以做得更好的一点、对潮联学校新旅程的愿景，如果是应届新教师，就每人3分钟自我介绍，包括自己的毕业院校和专业、兴趣爱好特长、在潮联学校入职的成长愿景，这部分则邀请上两年先入校的教师点评。两个论坛之后是“活力之源——校长点评”，我以“潮联：绽放每一朵浪花的精彩”为题的讲话为教师喝彩，也对新成员表达最诚挚的欢迎和期待。

在这样的论坛交流中，老的成员感到自己的付出被看见、自己的感受被听见，并接受新成员的尊重和致敬；新的成员感到自己的经验和背景被新的同伴了解，并与先到的成员和学校文化建立起连接。另外，在下午的日常安排中，我有一个主旨报告“潮联：激发活力的五个秘密”，教务处发布教学教研工作的进步与展望，德育处发布德育安全工作的进步与展望，最后宣布下一个学年度的行政管理岗位安排、教学岗位安排，吹响新一轮征程的号角。新开办的学校就是有这样一个特点——伴随每年招收新的年级，教师队伍不断壮大，来自不同背景的教师会集于此，亟须磨合、融合，而我们每年7月的教师研修论坛很好地起到了建立连接、彼此了解、凝聚共识、宣传动员的效果。

我们还有学期论坛，通常在每年1月，即新春到来的时节。

2020年1月17日，是学校开办第一个学期结束的日子。我们在南屏北山找了一个茶室，带上学校的移动投影仪，举行“活力教育”12人论坛，庆祝我们创校的阶段性成果，迎接新学校的第一个寒假。我们用彩色气球将茶室布置得温馨活泼，人手一只红色鼠年布偶，洋溢着浓烈的春节气息。

短短一个下午，我们安排了非常丰富的内容：第一场“视觉发布”，播放方新敏老师用这一个学期的素材制作的视频“活力潮联，在这里出发”；第二场“潮联有约”，杨丽华主任以脱口秀的方式讲述“我们与潮联的创业故事”；第三场“质量观察”，黄丽君主任主讲“期末检测分析与改进路径”，傅璠老师主讲“减负提质的数学科组策略”，谢宇靖副校长解读系列文件的《体美劳教育新论》；第四场“主题报告”，我做了题为“不惧风雨，不负韶华”的学期总结，提出新学期发展愿景和工作目标。全校12人，6人做主题发言和展示，还有6人做点评发言。最后的结束圈发言，我们禁不住潸然泪下，为创业的艰辛，也为“所有的辛苦都奔向甜蜜”。

一年后，也就是2021年1月22日，又到了学期结束的日子，我们在学校综合实践教室“节气厨房”召开了“活力教育”26人论坛。从12人到26人，队伍在壮大，论坛内容更加丰富，我们用完整的一天时间安排论坛，让更多教师登台做精彩的发布和分享。

这天上午，延续了首年论坛的“视觉发布”“潮联有约”，杨丽华主任发布视频《活力潮联，在这里出发》带领大家回顾整个学期的工作剪影，三个年级以情景剧方式讲述“我与潮联的创业故事”，笑声中夹着泪花，调侃中带着释然，抱怨里写满无悔。茶歇后的“质量观察”，韩丽平谈两个班数学成绩提升策略，黄丽君谈二年级语文质量提升策略，奚晨晨分析一年级各科检测质量，分别从个人教学、学科教学、年级教学不同角度分析质量监测结果和反思教学，发言聚焦，有深度，充满教学智慧，极富实践指导性。教学工作复盘之后，紧接着就是“教学前哨”环节，由教务主任黄丽君发布新学期教学教研工作要点与计划，明确工作要点，提前布置新学期教学准备工作。

下午则由德育处杨丽华主任开场。“班级论坛”，在三个年级里分别选择了一位优秀班主任发言，一年级新手班主任吴玉真老师主讲“班级精细化管理”，二年级班主任李瑶老师主讲“特殊学生关注与帮扶”，三年级班主任黄艾雯老师主讲“班级向心力的培育”。三位班主任的发言主题是我在长达一个学期的观察中酝酿的，是她们各自遇到的班级管理挑战，也是她们付出大量心力之后取得明显成效的部分。随后，“德育布局”环节，由德育主任杨丽华发布新学期德育安全工作要点与计划。

论坛结束前，我做主题报告“坚韧前行，开创新局”，精选一学期中印象深刻的10个教育瞬间，赞美教师们的工作，也为新一年的拼搏奋斗鼓与呼。最后谢宇靖副校长安排假期工作安排，我们共同为大家送上新年祝福。

此外，我们还有学期中间的小型论坛。例如5月举办潮联学校与民办学校帮扶结对的共建论坛，11月举办潮联学校与高栏港区的“1+3教育联盟办学”论坛，有时还会利用我主持的广东省名校长工作室平台与外地的校长工作室联手搭建主题论坛，分享校长的办学理念、教师的课程教学经验与班级管理经验。我们的教师无论老少，只要在任何一个方面练就了拿手活儿、获得了好成效，就可以登坛做主题发言人。久而久之，我们有了一支不断壮大的讲师团，在自己校内讲，也到兄弟学校去讲，为各地来访的同行讲。我无比高兴而且自豪地看到，团队中的每一个老师都因此获得了强劲的专业发展动力，他们边思考边行动边改进，将所做的说出来，进而把说的写下来、发表出来，俨然成为教育的专家、行家。

我们都是执行校长（陈登、方晓霞、方新敏、凌宝玥）

当然，我也时刻观察关注，教师们可能遇到怎样的困难，需要哪些资源和支持。那么，我会适时举办小型工作坊，引入一些资源，耐心地播下一些种子，慢慢地孵化一些项目。

例如2021年春季围绕校园种植计划的“朴门永续工作坊”，我们邀请中山的“朴门农场”团队入校分享，孵化一个名为“潮联食物花园”

的项目，黄丽君、张文岑、周应辉、谭迪怡、奚晨晨、赵宸、黄恒妮等教师先后参与进来。依托科学与劳动等课程，教师们带领学生完成系列课程实践：花园开荒、花园面积测量、花园平面图绘制、户外堆肥、雨水收集过滤装置的设计、土壤净化、育苗、种植……仅仅一个春季，食物花园孕育收获多项课程成果，我们也开拓出了典型的“做中学”教师研修模式。

又如，为加强美育工作，我们在春节前举办“节气流转与校园美学”工作坊。本地春彤学校的李艳婷校长和孙莉莉等老师来到我们的“节气厨房”教室，与我们分享美学的意义和关于“美”的故事，现场用丝巾、松果、橡子、芦苇、小南瓜等物品布置带有季节特点的美学场景，引领我们探寻节气流转中的校园美学，令人惊叹和陶醉。随后到来的春节，我们在线分享了各自家庭以春节为主题的一处美学布置，也期待在新一年的校园工作中唤醒更多美的意识，美的创造。

我们都是“生活家”（洪岩、邱荔、奚晨晨、张文岑）

关于PBL项目的孵化，我们安排了几轮不同的工作坊。先是派出张文岑、凌宝玥两位老师，去深圳参加“三有项目式学习”的工作坊，她们回来后策划了一个汇报活动，以校内工作坊的形式再现深圳的学习内容，也为我们自己的PBL项目招募潜在的种子教师。当看到老师们在繁忙工作中对开发PBL项目有畏难之感，我决定自己来做种子教师，策划实施了PBL项目“请你种下一本诗集”，随后举办了一期工作坊，将案例实操分享给大家，启发更多教师结合学科尝试项目开发。不久，张文岑老师的草木染PBL、奚晨晨老师的理财师PBL、黄丽君老师的阅读PBL陆续破土，受到学生的欢迎，得到教研人士的肯定，为课程创新增添了活力，形成了系列成果。

此外，基于过去办学中的一些成功经验，我在潮联学校的管理中也坚持授权，让每位教师都成为学校最重要的人。从创校第一天起，我坚持每个月邀请一位教师担任学校的月度执行校长，做绝对的主角，主持一项全校性的大型工作。

月度执行校长的履职程序很完整，也很郑重：校长对执行校长作任前谈话；在全体教师大会上为执行校长颁发聘书；执行校长面向全体同事发表履职宣言；任期结束，在全校大会上发表任职总结，分享任职收获。对月度校长不考核、不检查，重在积极参与、倾情投入、成长收获。

鉴于学校人手紧缺，我决定自己动手，亲自为每一任执行校长设计宣传海报，策划微信公众号宣传稿，倾力打造我们的执行校长形象。在此过程中，我带着满腔的热情和信任，与每位执行校长深度沟通，倾听担忧，给出建议，调集资源，提供一切支持，为执行校长完美达成任期目标保驾护航。

任期结束的时候，执行校长迎来自己的高光时刻。他们的述职总结总是历数自己的巨大收获，并由衷感谢身边的同事，我们看到每个人经由这一个月任期实现的美丽蜕变。执行校长的故事，也随着学校微信公众号的专题推文进入大众视野，让家长与社会各界看到教师们的杰出才智、辛勤付出，看到潮联学校独具一格的创新气质。

当一个学年度结束，我邀请每一位教师以“英雄访谈”的方式回顾工作，在他们激动人心、泛着泪光的讲述中，担任执行校长无一例外地成为每位教师体验最饱满、印象最深刻的自我超越时刻。充分的授权下，每位教师都可以成为学校最重要的管理者，学校管理也由此得到活力的释放。

读书会，另一个心灵空间

我还坚定地相信教师需要精神生活，在每一个日子都被无限忙碌的工作挤满时，我坚持举办读书会，给大家另一个心灵空间。

读书会无法做到每周一期，甚至也很难做到每月一期。但一个学年走完，我们还是成功举办了六期读书会。读书会的主题尽可能延伸到专业以外，连接我们的生活体验。读书会不强求教师一定要读某本书，更在意现场对话题的参与，或是教师开启未来阅读的某种可能。我们把读书会安排在学校图书馆里，有一台希沃一体机，有宽大的阅读长桌，有一套音质很好的音响，我们就这样围成一个小圈子，温馨又聚气，分享交流的感觉极好。我们人很少，所以每期读书会我们都购买一些推荐的书，教师有兴趣可以带回去。也正因为人少，我设计好每一期读书会的海报在学校公众号预告出去，有兴趣的外校教师联络我们的话，也可以来参与。

斗门区欧国明老师来潮联读书会分享《苏东坡传》

第一期读书会由我主讲。我选了一个酝酿已久的主题："宫泽贤治的童话世界"。因为上一年的夏天我去日本游学，探访了这位童话作家的故乡，对其作品和人生有许多新的认识体悟，还拍了不少照片，一直期待分享给同事们。读书会在志远楼的文潮书院举行。谢宇靖、黄丽君两位做我的特邀嘉宾，她俩合作朗读了宫泽贤治的童话《虔十公园林》。我则简介了宫泽贤治的三个作品——《夜鹰之星》《虔十公园林》《银河铁道之夜》，通过作品了解宫泽贤治的幸福观。夜鹰在自我牺牲中获得自我再生，虔十的幸福不仅仅是自我牺牲，更要给他人带去幸福，而那列奔驰于银河的列车贯穿生死两界构建出一个奇幻壮阔的世界，让我们遐想甚至相信，生死之外另有一个超越时空的永恒所在。一个半小时的分享中，也包括我在日本岩手县新花卷市的宫泽贤治童话村拍摄的一组照片，那里有山间的美景风物、不同主题的贤治教室，给作家作品带来真实的背景。白日的喧嚣躁动都在这里褪去，十几人围坐的空间归于静谧，作家的幸福观及其跨越时代的不朽作品带给我们更多的思索。

第二期读书会是第一期内容的延伸，我选择了“《星星和蒲公英》——金子美玲的童谣”作为主题。邀请了更多的老师参与作品朗读，我则分享了自己近年来将金子美玲童谣带进小学语文课堂，与孩子们共读并尝试创作童谣的实践经验。读书会末尾放出了一枚彩蛋——北京陈鹏老师担任特邀嘉宾在屏幕上出现，寄语全体教师：“童谣是一粒思想的种子，让孩子发现和定义自己的世界。童谣是一粒自信的种子，让孩子探索和实现自己的世界。童谣的种子，就像金子美铃的《星星和蒲公英》，本就存在于孩子的心灵深处。老师的意义，在于给孩子一片朗朗的夜空，让孩子的诗性像星星一样得以闪耀，发光发亮。老师的意义，在于给孩子一隙透透的瓦缝，让孩子的理想像蒲公英一样得以绽放，飘游四方。童谣的种子，就像金子美铃的《星星和蒲公英》，本就存在于我们老师的心灵深处。当教师抱着孩童之心，为孩童服务……才能像星星一样，让孩童的世界在眼睛里面，更加通透；才能像蒲公英一样，让孩子的童谣在纯真里面，更加美丽。”

这两期读书会，我尝试从大家熟悉的宫崎骏动画片和现行的语文教材选入的童谣入手，呈现某些教学工作与生活实际的关联，以及教育者有可能拓宽的视野及深度思索。同时尽量营造开放、轻松、舒适的氛围，忙碌的教师即便没有提前阅读，也能顺利进入读书会的交流，而涉及的相关书籍都作为礼物，老师们带回去可以随时阅读。

我希望潮联创业团队中的老师来做读书分享，但大伙确实忙得没有丝毫停歇，不希望读书会变成一种新的压力。于是我转而邀请老师们的家属来做主讲嘉宾，取得了成功。陈登老师的先生袁晓斌围绕《雄性衰落》一书分享“关注男孩成长”的教育问题，末尾的钢琴弹唱让我们格外惊喜。黄丽君老师的先生诸庆围绕梁实秋的《雅舍谈吃》一书分享了“饮食与文化与乡愁”的话题，他设置的开放性话题让每位与会者回顾自己最难忘的一次用餐经历，唤起我们对亲情友情无限温情的回忆。

这之后，我邀请了两位优秀的昔日同事来做读书会。

一位是麦盈盈老师，之前香洲区实验学校“创想城”自然笔记课程的主持教师，她围绕芮东莉的《自然笔记——开启奇妙的自然探索之旅》一书，带来主题为“与大自然邂逅”的读书会。麦老师邀请大家在桌面预备的树叶里选一种，为它画像，适当添点文字注释。当所有人将自己的作品贴在小黑板上露出开心笑容，麦老师说：“这就是自然笔记。”麦老师重点介绍了她的课程实践与课题研究，从树叶开始，到花卉昆虫，再到整棵的植物，不仅有叶的百态、叶的一生，也有花的容颜、树的姿态，她指导学生做自然笔记，还指导学生将自然笔记跟诗文积累、文学创作相结合，令大家啧啧赞叹。

另一位朱鸿叶老师，是前几年香洲区实验学校巅峰话剧社的创立者，她围绕《即兴真实人生》这本书带来的分享活动令我十分难忘。这场读书会在潮联学校风信子舞蹈室举行，谓之“即兴之约”。高大的空间、轻垂的布幔、柔软的地胶、满墙的玻璃镜，让人瞬间步入一个戏剧的空间。那晚不断地有老师从四面八方而来，相识或不认识，在我们公众号上看到预告，因着兴趣而来赴这场即兴之约。

朱鸿叶老师带来各色布匹和简易道具，用上一两件即成为故事中的某个角色。还有一个电影场记板，上面写着“yes”，要求读书会的每位参与者每个人以“yes”的姿态拥抱所有的不确定。“你能接受和拥抱变化的时候，你才能由衷地说出yes，并由此行动，你将发现各种意外的惊喜涌现出来。”她带领大家做了两个热身游戏。一个游戏让大家在笑声中一点点打开，在一些夸张动作的传递、模仿、创造当中，每个人都有些突破，跳出刻板与常规，展现出不一样的自己。另一个游戏则令每一个参与者在互动中变得异常专注。

当即兴之约进入主题，朱鸿叶老师展示了一个绘本故事《金刚师》。山里的讲堂，金刚师问：学习的目的是什么？石头草虫、风水火石、毛虫叶子对于“学习的目的是什么”都有自己的答案，不过它们的态度千差万别，争先恐后、躲躲闪闪、满不在乎……最终，蜉蝣的回答让人出乎意料，闹哄哄的课堂戛然而止。我们每个人选择了一个角色来扮演。披上布匹，成为风。裹上一片绿色的纱巾，仿佛就成了叶子。戴上一条金银色饰带的，就成了虫子。手持麦克风的，扮演大自然的各种声音。朱老师裹上披风，手持魔法棒，扮演金刚师：“这是一堂人生课，你的答案呢？”即兴表演由此而展开。

这个夜晚，我们创造了二十多个角色。一瞬之间，我们仿佛真的成了风水火石、花叶鸟虫，每个人都进入自己独特的形象，在舞台中找到自己的位置，诠释角色的感悟。我记得我扮演了金木水火土里面的“金”，作为“金”，学习的目的曾经是为了成为庙堂中的青铜器，参与重要的祭典，记载历史的进程英雄的事迹，但后来改变了志向，只想做一对小巧灵动的耳环或一枚闪烁光芒的链坠，去美人的耳畔伴她巧笑倩兮，去美人的胸前聆听她的心跳呼吸。那一刻我感到无比奇妙，仿佛瞬间看清了自己，或者说发现了自己长久以来隐藏的一些东西。那一晚的读书会确实别开生面，即兴地讲述、演出及观看，成为我们内心的课堂。

在那么忙碌疲惫的创校第一年，我们小小的团队竟然成功举办了六期读书会，不容易。教师们全力以赴地工作，而读书会提供了一个转换的场景，一点心灵的空间，一种精神的营养。

潮联学校读书会部分海报（一）

第四章 找到永恒

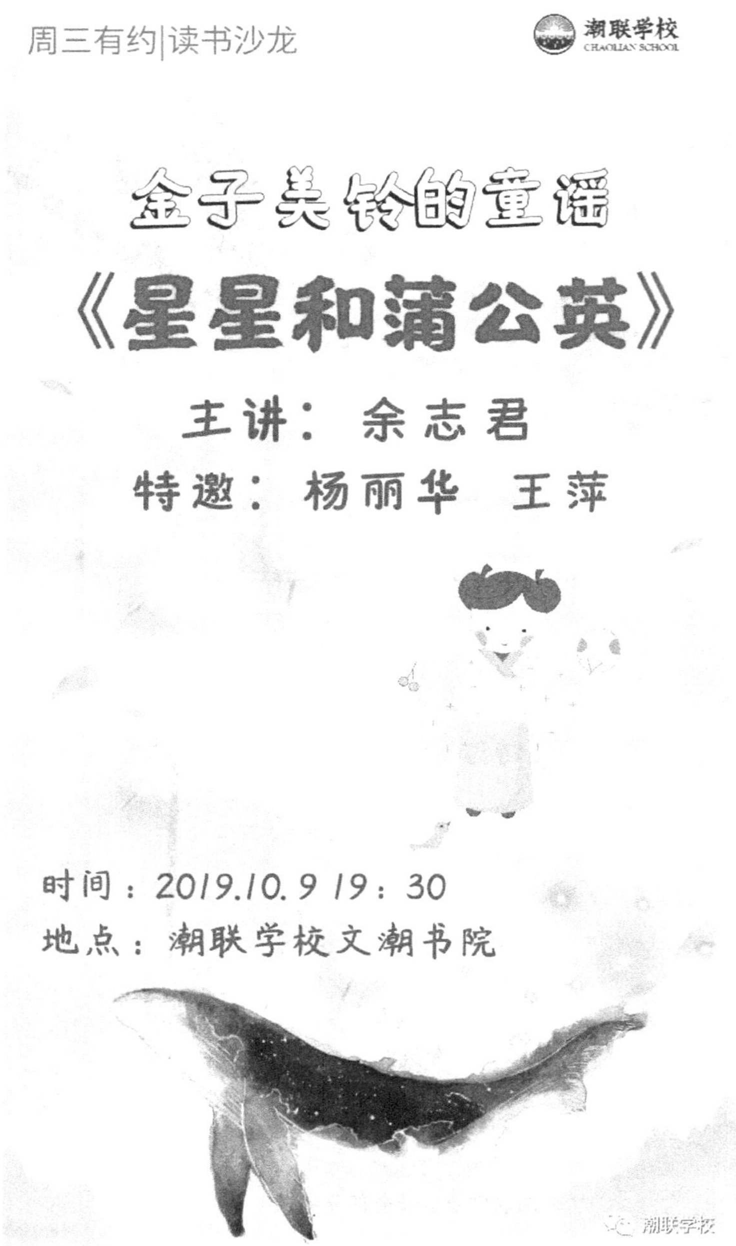

潮联学校读书会部分海报（二）

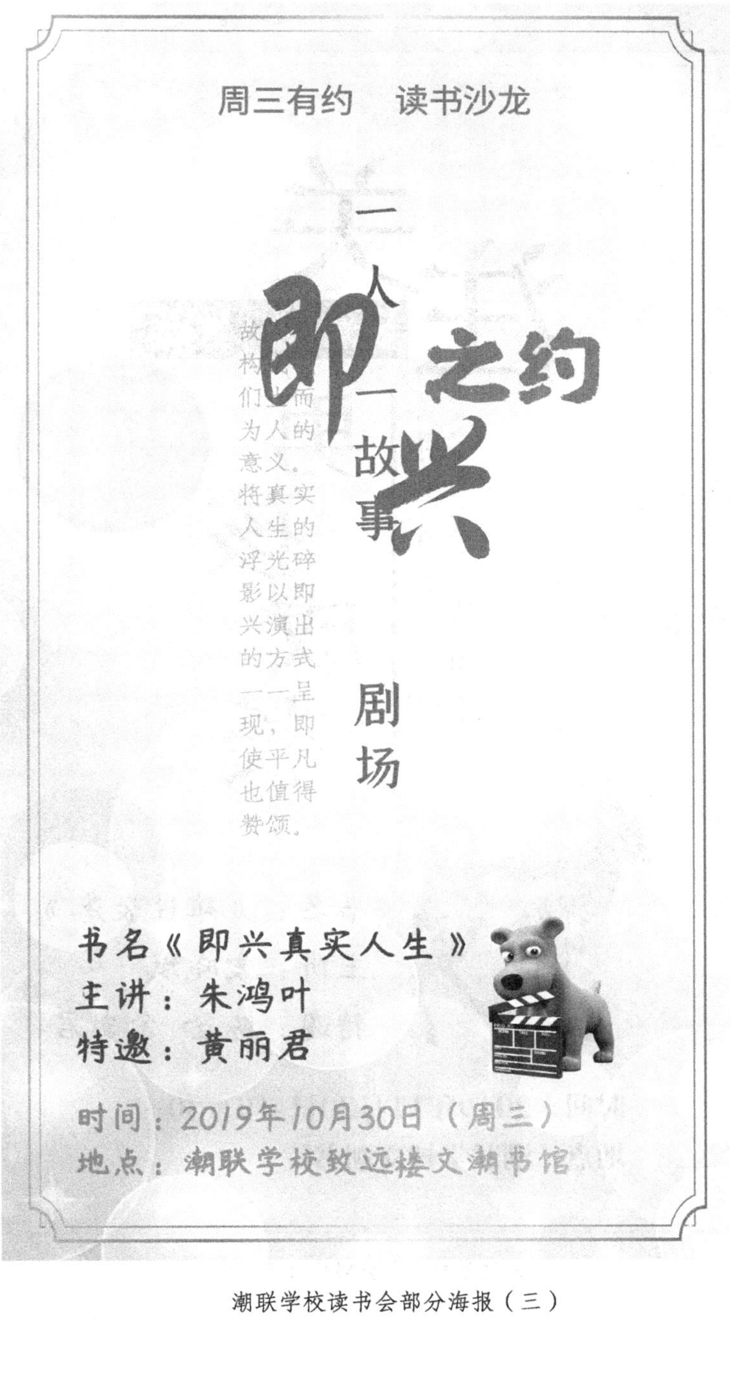

潮联学校读书会部分海报（三）

潮联学校读书会部分海报（四）

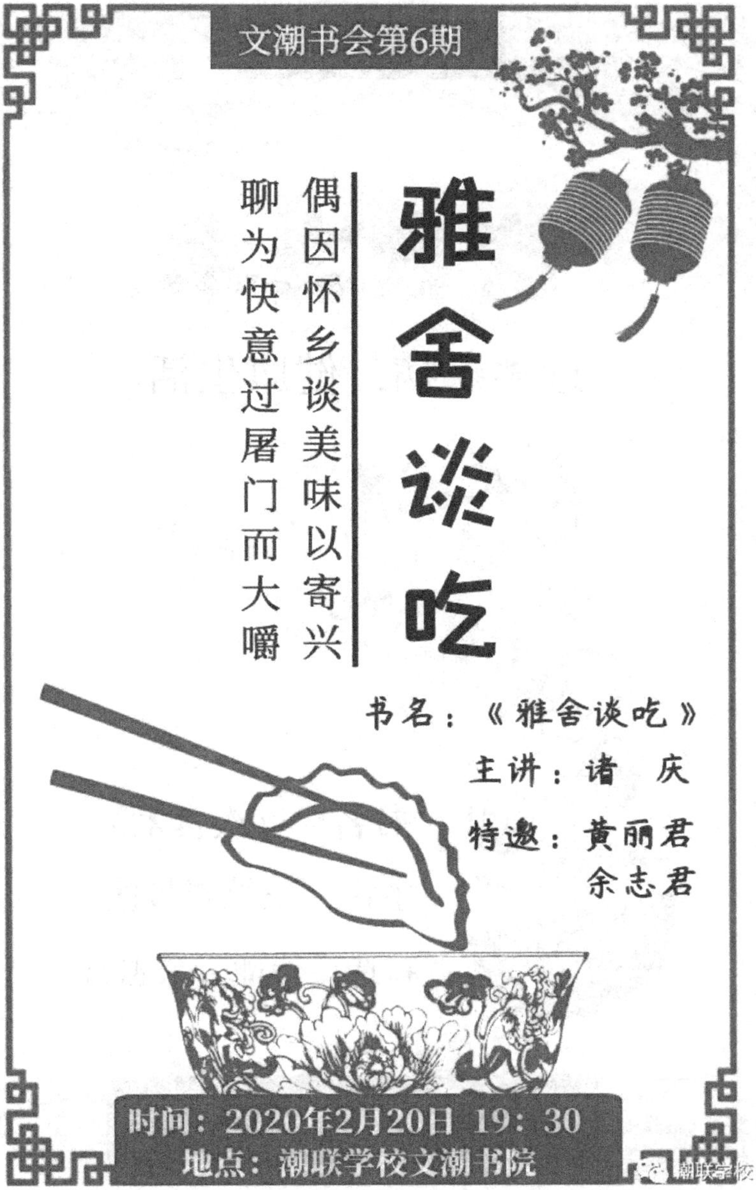

潮联学校读书会部分海报（五）

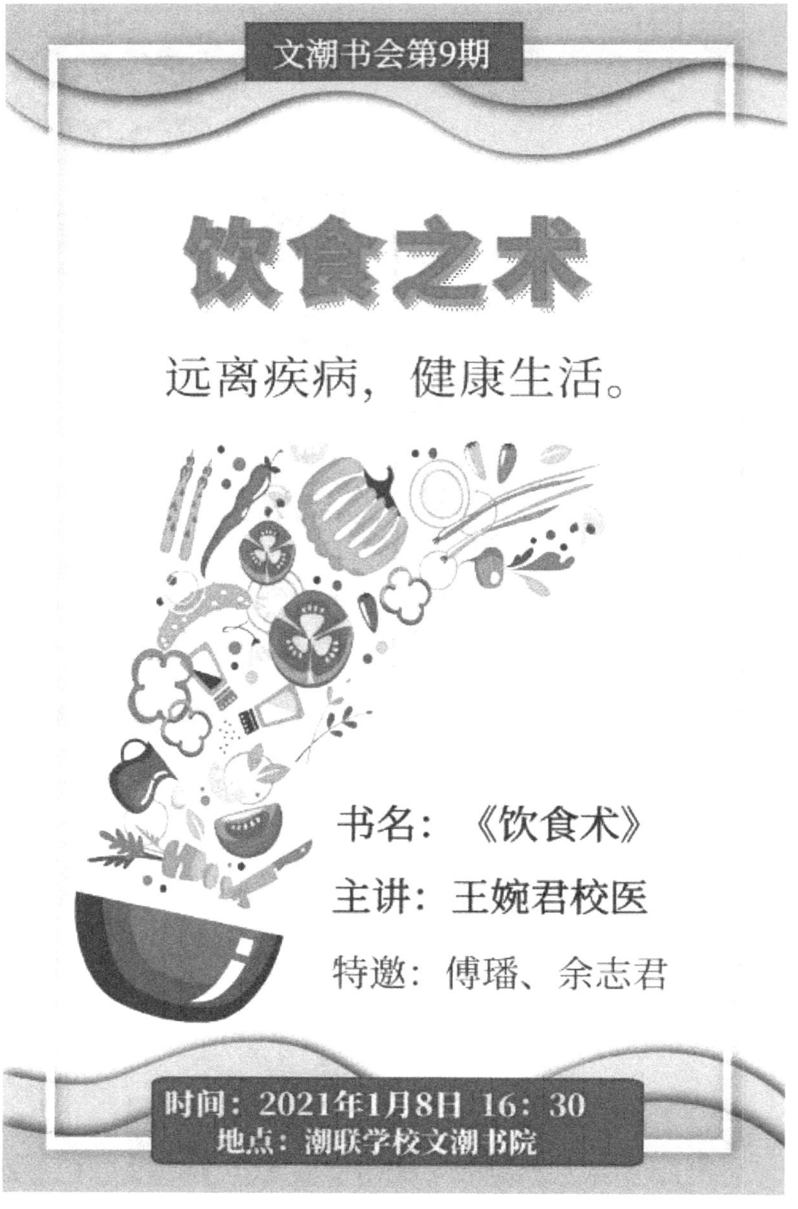

潮联学校读书会部分海报（六）

最不平凡的一年

口述人：谭迪怡

回想我们当年满怀激情地在这里发表“新雁入职”演讲的场景，一眨眼，一年过去了，我们这些新雁也成了老雁。今天大家齐聚这里，复盘自己在潮联第一年的心路历程，不免感慨，这一年真不容易啊！这一年，是我工作生涯中面临挑战最大的一年，也是我最不平凡的一年。

焦 虑

还没来潮联学校报告时，我就在默默地祈祷：希望不要接到三年级。但是，事与愿违。新雁入职那天下午，当听到自己要任教三年级语文时，我的内心是焦躁不安的。当时整个人都是蒙的，心情也挺沮丧的。记得那天入职后，我跟恒妮老师下楼时遇到了余校，余校还特意跟我俩解释了这个岗位安排的理由：恒妮性子比较慢，适合带着一年级孩子慢慢磨；迪怡稍微干练一点，也比较强势一点，更适合应付来自五湖四海的插班生及其家长。听到这个解释时，我的内心瞬间舒服了许多，但一想到我的兵将是一批“杂牌军”时，内心依然是忐忑不安的。夜深人静，躺在沙发放空时，内心的焦虑就如潮水般涌上心头。所幸的是，我有一个好搭档丽平，在我焦躁不安找她倾诉时，她都能陪着我一起吐槽，吐槽之后相互安慰：“既来之则安之。”

谭迪怡老师分享语文学科教学提质经验

绝 望

伴随着开学的忙碌，我的焦虑慢慢冲淡了，但随之而来的是内心的咆哮：天啊，华德福私立学校来的孩子怎么连汉语拼音都不会！有的孩子讲话结结巴巴，更别说能把书读利索，咋整啊？哎哟，他们怎么连个路队都排不好！唉，怎么有的孩子上课还跪在椅子上呢……

第一周上课时，我常常觉得自己是个神经病，在课堂上絮絮叨叨讲来讲去，只有两三个看起来比较机灵的孩子回应我。课堂犹如一潭死水，我都能把自己给催眠了，沉默的课堂给我带来深深的挫败感。那段时间，每天忙完学校的繁杂事务之后，我都会静下心来对自己当天的课堂进行复盘。我翻看了许多名师课堂实录，也反复研究各种优秀教学设计，尽量让自己的课堂更加生动有趣。经过几天的复盘，我深刻意识到自己当务之急是改变孩子的课堂思维，教他们学会有效的听课。首先要教会他们学做课堂笔记，学着主动思考，鼓励他们大胆的发言。经过一天天的引导，我的语文课堂上举手发言的人稍微多了一点，课堂氛围也活跃了一点。

我以为从此能步入正轨了，但第一单元小测的成绩，彻底把我打败了。第一单元测试，只有9位同学90分以上，不及格的孩子却有8位，大部分是六七十分。看到这份成绩单，我深感绝望，也感受到了拳头打在棉花上的无力。最让你绝望的是家长的不配合。我们苦口婆心地跟家长沟通孩子的学习情况，但家长却总因为各种原因无法紧密配合。

所幸的是，我们办公室的四个成员都能当彼此情绪的垃圾桶，我们一起吐槽，吐槽过后我们又相互打气鼓励：既然家长靠不住，那我们就靠自己！我们要成立宇宙最强银河补习社，我们要改变这令人绝望的局面！

主 动

在潮联学校的这一年，我学会了理解和共情，也学会了主动去解决问题。为此我做了许多尝试，付出了许多努力。

以前在大学校，一个年级有12个班，我只需要紧紧跟随着备课组的步伐，认真去落实每个活动细节，就能取得不错的成效。但来到潮联，我首先要学会改变自己，学会去主动思考问题。

为了取得家长的支持，我从心出发，主动与家长交流孩子在校的学习情况、生活习惯。只要孩子有一丁点进步就拼命地发信息表扬“轰炸”，与家长分享孩子进步的喜悦；学生不会拼读拼音，我就从拼音入手，教他们拼读技巧，并为他们打印“每日拼读”，鼓励他们多拼读；学生书写潦草，写字笔顺错误，我就从规范握笔姿势、坐姿入手，横竖撇折一步一步地教他们……学生来自五湖四海，全部都是插班生，班级缺乏凝聚力，为此我设计了许多班集体活动，让学生在集体活动中感受到班集体的力量，在比赛中增强班级荣誉感。学生基础差，我就认真研究教材，分析教材重难点，尽量把教学目标具体落实到每一节课中，提高每堂课的效率。

经过一系列的探索研究，我摸索出适合自己学生的教学模式，也提炼了一套适合他们的提质策略。在教学上，我尽量以八个字为原则——“稳扎稳打”和“勤抓巧抓”。

在教学上做到稳扎稳打，首先要深入吃透教材，把握重点。部编教材更加贴近孩子们的生活，由浅入深。研读教材时要重视单元导读，单元导读不仅介绍了本单元的主题，而且介绍了本单元目标以及单元要素。我们在备课的过程中就要紧紧围绕着单元目标来展开。课后练习题一般反映本课的教学重难点，因此授课过程中要紧密结合，做到不拔高孩子的水平。重点关注“园地学习”，里面的字词句都是本单元的考察重点，要做到举一反三。总之，在研读教材时，一定不能放过课本上任何一个犄角旮旯。

其次上课要讲究效率，尽量避免满堂灌，多留点给孩子自己思考的空间和时间。也许因为他们在私立学校更多的是被动的学习方式，等待老师直接告诉他们答案。我觉得当务之急应该改变他们的思维方式。因此，我要重新改变自己的上课策略，课堂上多讲究留白。提出一个问题，不急于告诉他们答案，我会鼓励他们多思考，思考后来与我交流。有些东西完全没必要面面俱到，蜻蜓点水反而更容易激发学生的想象力和创造力。

课堂上重视学生读写能力的训练。我们重视每一课的小练笔。小练笔是课文的内容和写法的延伸，写好每一篇小练笔既可以加深孩子对课文的理解，也可以提高孩子的读写能力。

在辅导学生方面，我主要以板块练习为主。针对不同的板块，我有不同的做法：

一是背诵默写走前头。放假前，我会先将下学期的背诵默写内容整理出来发给学生，让学生利用假期的时间去读读背背并能默写出来。开学后，我会认真检查，争取做到人人过关，字字过关。

二是字词听写天天练。学生在校要做到每日一听写，每次听写后我尽量做到面批，现场订正，并在作业登记本上详细记录学生的错字情况。放学后，我会私发需要在家巩固听写的词语给家长，要求家长在家给孩子听写。就这样家校紧密配合，学生的字词基础必然越来越扎实。

三是句子专抓学困生。在单元集体备课时，我们备课组老师就需要提前整理好本单元需要学生掌握的句式例子。提前将这些句式例子发给学困生，鼓励他们模仿，实在模仿不出来就鼓励他们先背诵例句，一段时间后他们也能造出自己的句子。平时则多利用碎片时间来抓他们的句子练习，反复加强句式训练。

四是课课阅读训练。在语文课堂上要多留给学生独立思考的时间，教师不要满堂灌。因此，我尝试着把语文课上成阅读课，课前提出问题让学生独立思考，鼓励学生在课堂上圈圈画画，个人找出答案后，可以小组讨论整理自己的思路。在语文课堂上尽量让每位孩子都主动思考、记录，而不是被动地等待老师或同学的答案。

五是写作注重技巧。我会结合教材将本学期的重要写作结构落实到每一篇习作训练中，鼓励学生学习课文经典的开头和结尾，进行模仿并鼓励创新。

就这样以板块为基础，利用碎片时间逐个突破，反复训练，反复加强。功夫不负有心人，我教得越来越顺手，学生也学得越来越自信。经过一年的努力和付出，我也渐渐享受到了收获的喜悦。

喜 悦

这一年，我的学生们进步了。从曾经的8个不及格到现在的全部及格，从曾经的20%的优秀率到现在的60%的优秀率，孩子们从惧怕写作，每次写作文都要数格子到现在洋洋洒洒随便350字以上，从刚开学时的木讷、说话结巴到现在的自信大方、侃侃而谈，从不爱阅读到现在捧起书本读得津津有味……看到他们这一点一滴的进步，我内心无比的欣慰和自豪。

在还没确定抽考年级前，我的内心是很淡定的。这一年，我在教学上稳扎稳打，我充分利用各种碎片时间来培优补差，我见证了孩子们的进步。哪怕被抽到，无论孩子们考得怎样，我们都是问心无愧的。但，真的听到要抽考三年级语文那一刻，我瞬间有点慌了，生怕自己精心磨炼了一年的兵，上不了战场。当时，我强装冷静地告诉孩子们："今年抽测确定要抽我们三年级语文。我的要求很简单，那就是什么？"孩子们异口同声地回答："我们要赢！"看着他们的认真劲儿，我瞬间被逗笑了，便许下了承诺："只要你们平均分上90分，我请你们吃肯德基。"听到我的承诺后，教室里哇声一片。那几天，孩子们学习格外投入，家长也极其配合。看到他们努力的样子，我告诉自己：无论结果怎样，我的学生们都是最棒的！

公布成绩前一晚，当听到余校发来名列全区前三的喜讯时，我一直绷着的心瞬间松了下来。这个喜讯对我们三年级来说是一个极大的鼓舞，证明我们一年的努力没有白费，我们之前所有的辛苦都奔向了甜蜜。在那一瞬间，我感谢我班这群孩子，是他们点燃了我内心浇灭许久的斗志，是他们让我享受到了耕耘的收获和喜悦。

这一年，我也成长了。从被动服从到主动思考，从随便应付到精益求精，从遇事慌张抱怨到从容淡定……在某一个瞬间，我感受到自己由内而外地爱上教师这份职业。我常常跟丽平说，在实验学校的那八年里，我把教师当作一份差事，而现在我把它当作一份事业来对待。

这一年的工作，有无数的困难和挑战，但只要想到那些进步的孩子的身影以及他们家长的肯定，我就觉得我应该坚持下去。希望在未来的日子里，我能带着嘉学班继续努力，乘着每一个波浪前行，在每一刻找到价值和意义。

勤奋耕耘，做幸福的园丁

口述人：黄恒妮

回想我们在文潮书院参加新雁就职演说的场景，转眼间一年就过去了，真是感想多多，收获满满。

黄恒妮老师分享自己的教育梦想

梦想起航，向阳而生

若对比工作的舒适性，实验学校肯定比潮联学校要好，毕竟我已习惯实验学校的工作模式。可是，舒适的工作对我来说，如同温水煮青蛙，已经让我逐渐丧失了向前的动力。

当我看到杨丽华主任发出潮联招新的朋友圈信息时，我的心跳再次如毕业入职时的激动，我告诉自己，梦想将再次起航。于是我第一时间联系了杨主任，她热情地向我介绍了潮联学校的情况，让我了解到潮联学校虽然人少事多，但校集体是团结的，很有爱，很温暖。她的话更笃定了我走向潮联的想法。我知道并不仅仅是潮联的新、潮联的团结、潮联的舞台深深吸引了我，更重要的是属于我心中的明灯在潮联。

余志君校长是我在实验学校工作的引路人。实验学校很大，她的工作很忙，但她从来没有忽视对老师的关心和引导。2017年10月，我休完产假回校工作，被安排任职一年级7班班主任。由于初任班主任，工作方式还没有掌握，加上我不熟悉低年级语文课程的教学，那段时间我倍感压力，导致工作开展不顺。这些情况没有逃过余校长的双眼，她就亲自来指导我，帮助我，让我得以在专业和班主任工作方面迅速成长。一年后，余校长就被上级委任去筹建潮联学校，但我的心还是跟随着她。两年过去了，潮联需要新人，我知道机会来了。余校长活力教育的理念是我最尊崇的；余校长在专业上的成就是我奋斗学习的目标。再次有机会继续在余校长的指导下成长，能离心中崇敬的人更近一些，向阳而生，是多么荣幸的事啊！

凝聚力量，远洲领航

我如愿来到了潮联学校，一切都那么美，满心欢喜地任教一年级，当班主任。在入职前的假期里，我就在脑海中描绘着带班的美好蓝图。记得刚接班时，班上男女比例不均，男生多，女生少。在班级规则意识还没有建立起来之时，常规、路队都比较糟糕，上课时歪歪扭扭，排队时东倒西歪。班上男孩子特别调皮，排队时要么讲话，要么乱窜，没有秩序。

通过耐心的教导和讲解，孩子们的规则意识逐步建立起来了。我给孩子们讲“远洲班”的名字：洲，是一块大陆和附近岛屿的总称；远洲就是远方的一块大陆、一片绿洲。远洲班既是我们要到达的理想的绿洲，也是一艘向前航行的大船，船上载着我们48朵小浪花奔向远方。老师们是舵手，把控方向。小浪花们一个个乘风破浪，攀登书山，跨越书海，向知识的海洋航行，每一个人都要到达理想的绿洲，一个都不能掉队。这是一次很好的集体荣誉感教育，孩子们对班级有了强烈的归属感，自然会做更多维护班级的事情。有一次活动开始前，我给孩子们讲了“破窗效应”的故事，吵吵嚷嚷的现场顿时安静下来，孩子们个个都非常遵守活动前的约定，都不愿做第一个打破窗户的人。也正是因为这样一次次的成长进步，“远洲班”的凝聚力越来越强。

活力教育，以爱育爱

2020年8月30日阳光分班后，开学第二天班上来了一个叫蓝茵的学生，是潮联会的子弟。开学初期，L同学无论怎样都不肯开口说话，也不愿与人交往。我和他的家长进行了深入的沟通，了解到这个孩子可能只是慢热型，熟悉了环境就会转好的。可是接近2个月，她基本不和老师们说话，也不和同学交流，上课就是发呆，目光呆滞，精神萎靡，我一度怀疑这个孩子有自闭症。直到第一次检测成绩出来后，家长才意识到孩子学习效果这么差，却又把责任推到幼儿园，说幼儿园什么都没有学，在家长看来，似乎孩子来到学校就是老师的事情，跟家庭教育没有关系。

H也是这种类型的学生，她上课状态比L稍好一点，但就是完全听不懂老师讲课，作业一塌糊涂，几次考试成绩也非常糟糕。我了解到她父母在广富市场开副食店，每天很早起床做生意，中午把孩子接回家吃饭，下午四点放学后回托管。父母生意忙，根本没空管孩子。因为孩子接受能力太差，经常托管到晚上八九点，甚至十点，孩子与父母之间几乎没有更多温馨的亲子时光。在家访和平时沟通中了解到，父母对孩子的教育没有方法，更多的只是责备。

这两个孩子都是来自潮联会，这让我非常焦急，常常在想为什么全年级最差的几个孩子会在我们班？不管老师怎么教，都学不会，这可怎么办才好呢？在我很苦恼之时，我想起了余校长在我们入职时曾跟我们说过，潮联学校和别的学校不一样，潮联学校是潮联会慈善商人的公益项目，是他们捐赠将近一个亿建起来的学校。“潮联”代表的是“爱”，潮联会这么有爱心，我们老师也要有爱心、有耐心地教育好他们的孩子呀！在后来的日子里，只要有空，我都会把他们留下来，慢慢辅导，教他们读拼音、认字、写字，给他们读绘本，讲故事……有一次L同学竟然大声地读出了课文，我能清楚地听到她的声音，这是多么大的进步呀！我高兴地把她抱了起来。有一天，H也和我讨论起绘本里的情节，实在是让我震惊。在后来的日子里，我慢慢地看到了他们眼中求知的目光不再呆滞，我想这就是教育的意义吧！就是要用生命去滋养、去唤醒另一个生命，让他们的生命焕发出活力。

班级活动，努力成长

这一年，我们做过很多第一次：第一次参加运动会，第一次升旗，第一次国旗下表演，第一次参加诗歌比赛，第一次篮球操比赛……

在第二届“健体节”运动会上，我们作为最小的参赛队伍，参加了运动会的各个项目的比赛。赛前我们做好了充足的动员工作，精心挑选了参赛运动员，每一项比赛前都充分给运动员们加油鼓劲。最终我们有三个单项第一名，有一个项目我们的女生包揽了一二三名，两个团体项目得了第一名，最终获得团体总分第一名的好成绩，这对于一年级的小浪花们来说是多大的精神鼓舞呀！

2020年12月梅华街道办开展的“小手拉大手”垃圾分类我先行活动，全体同学积极参与，远洲班被梅华街道办评为了“垃圾分类宣传优秀班级”，也被学校评为“垃圾分类先行班”。

这一年，我们参加了第一次由远洲班主持的升旗仪式。为了升好国旗，护旗手提前一个月开始训练，如何站，如何走，如何拿旗，如何升旗……孩子们为了把飒爽的动作展现出来，利用放学后，利用周末，回来学校一步一步，一个动作一个动作认真地学习，只为能把五星红旗顺利升上去。国旗下表演的同学也是认认真真地练好每一句台词，做好每一个动作，只为给大家展现最完美的一面。一年级的小浪花们，虽然稚嫩，可是做事情绝不含糊，不输给大哥哥大姐姐们。

在香洲区第四届“苏曼殊杯”中小学诗歌创作大赛中，我积极发动学生进行诗歌创作，指导学生选题、写诗、修改、投稿。最终，班上秦一蘅的作品《外公》获得一等奖，戴婉彤的作品《我们仨》获得三等奖。

一年级的小浪花们太棒了，只要找到合适的点，他们可以释放出无限的潜力！

踏实工作，幸福满满

这一年，我评上了中级职称，这是多么令人高兴的事情啊！在原来学校我想都不敢想，而在潮联学校，只要你有梦想，只要你愿意付出，只要你足够努力，只要你能够去创新，理想就会变成现实。

这一年，我当语文备课组长。带着三个年轻人，一起教研，一起学习，一起探讨，一起备课，一起磨课，一起为提高教学质量和教学成绩，想办法，出点子，找策略……从第一学期均分不到95，到第二学期均分98，这一年的付出和努力，我们每个人心里都很清楚。“百尺竿头，更进一步”，我们心里也暗暗地再次鼓劲，下学年继续好好加油，激发学生的活力，争取更大进步。

2021年3月，在奚老师的带领下，我和玉真参与设计的劳动单元主题教学设计，获得了珠海市2021年劳动教育首批优秀成果。

2021年3月，我指导学生秦一蘅在香洲区第四届“苏曼殊杯”中小学诗歌创作大赛中获得一等奖，而我也被评为优秀指导老师。

这一年，我们确实做了很多事。4月，教育局下文通知要进行全员家访，这是一个很庞大的工程。幸亏我早有准备，开学不久就把全班孩子的信息进行了归类、分析。在全员家访通知出来之前，我和周老师已经走访了很多家庭了。家访工程很大，我和周老师、徐老师经常在下班后和周末一家一家走访，了解孩子的家庭环境、学习环境，对学习上或行为习惯存在问题的孩子，也及时给出方法指导。很多孩子在我们家访后，学习成绩有了显著提高，行为习惯也有了很大的改进。更值得欣喜的是，家长们也更加配合和认可我们的工作。家访工作虽然战线长，也比较辛苦，有时晚上家访回到家都快十点了，不过，看到很多学生在家访后学习和习惯的改变，想一想，这点苦和累也不算什么。

这一年来确实不简单，也不轻松，常常工作到晚上七点后才离开学校。可我想说：这一年虽然辛苦，但是很值。一个经常被我留堂辅导的离异家庭的孩子，期末考了99分，他妈妈激动地发信息来说："孩子讲'妈妈，我觉得黄老师真的好爱好爱我，我以后一定要努力学习，不要让她这么辛苦了'。"看到孩子妈妈的反馈，这一切也都值得了。

新的使命，新的征程

如今，潮联学校两周岁了，常态化的管理步入了正轨，学校即将进入创校的第三个年头。而我，作为一名普通的老师，愿意在平凡的岗位上继续踏踏实实做好自己的本职工作，秉承活力教育的理念，以爱育人，创新教育，成为远航大船上的好舵手。

英雄之旅，美丽修行

口述人：韩丽平

光阴似箭，一眨眼一年过去了。2020年的今天，我鼓起勇气，突破自我，离开了原来熟悉的香洲区实验学校，来到温暖的潮联大家庭。刚开始还有初入新校的陌生感，随着时间一天天的过去，潮联大道、太阳广场、柳林风剧场、星月庭院、节气厨房、哆啦A梦实验室、蒙正楼、致远楼、果行楼、鸣谦楼，嘉学班、翰学班……这些特别的名字，渐渐地熟记于心。华服节、悦读节、浪花节、创想节、航海节、健体节、观察节……这些与众不同的节日，渐渐地根植内心。我也渐渐地爱上了这所美丽的、特别的、温馨的学校。

回想这一年，有过焦虑，有过咬牙坚持，但更多的是成长，是蜕变，是温暖，是感动。其实我是一个不爱把困难提前想好的人，反正什么工作都要有人做吧。所以来到潮联的那一刻，我并没有想到未来的一年会有什么经历。三年级两个班的学生都是插班生，说实在话，我也没有担心会有什么困难。记得余校在第一天开会的时候对我说，原来学校12个班的级长和现在两个班的级长相比，虽然班级少了，但是会有不同的挑战。当时我还在想，两个班能有什么挑战？事实证明，一年的挑战不断涌来，应接不暇：刚学财务报账的一脸茫然，面对一群知识掌握参差不齐的插班娃，一人备课组的孤单无助……每一次的挑战都让我感到无助，感到焦虑。但每一次挑战的突破，都让我的内在能量不断激发，最终获得成长和提升。

潮联学校成立不到两年，人手少，事情繁杂，那只能在效率上下功夫，在时间统筹上下功夫。这一年，我每天都在和时间赛跑。每年的6月和12月是我最焦虑的时候，因为期末来了，任教两个班的数学，考试成绩不能差，这是我对自己的要求。可是任务来了，时间叠加了，大家一样辛苦，怎么办？只能咬牙坚持。统筹安排，每件事留有缓冲的余地，也终于给这一学年教育教学有个好的交代，我很欣慰。余校长说这就是“英雄之旅”。英雄之旅的第一个挑战带给我的是统筹能力的提升。

韩丽平老师通过期末检测分析介绍提质经验

当了老师，事事爱操心，但我从不爱主动发言。结果这一年，我居然当了一次执行校长，上了五六节公开课，还在台上发言十次八次，这估计是我几年总和。道德与法治公开课“说说我们的校园”“父母多爱我”“我的家在这里”“请到我的家乡来”的备课、收集资料、上课和专家组对话，让我不仅走进了道德与法治这门课，也锻炼了我将课堂向外面客人开放所需要的勇气、从容和信心，同时也让我的孩子们认识了校园文化的含义、了解了父母之爱的伟大、熟悉了社区和家乡，这让我感觉自己做的事意义重大。“副班主任管班经验分享”“数学教学质量提升研讨与交流”“我与学生一起的道德成长之路——道德与法治课教学心得”“有痕数学——从教学主张到课程”四次讲座分享，不仅敦促我把自己的日常工作及时总结，而且能让我把自己的工作经验分享给有需要的老师，从中我获得的是自信，是对自己的不断认可。到现在我仍然不喜发言，不爱多说，但是我不再恐惧发言。很感谢学校能给我这么多锻炼的机会，让我一次次战胜自己，让我变得无所畏惧。我很高兴我有这么多的收获。英雄之旅的第二个挑战带给我的是自信表达能力的提升。

来到潮联，学习和比赛的机会非常多，只要肯参加，就有机会。除了参加专业培训外，我还参加了“激发群体的参与智慧”引导式培训，参加了“四季流转与生活美学”工作坊，聆听了“朴门永续”绿色农业讲座……一次次的学习，让我增长见识的同时，提高了个人素养。从小我就是一个应试教育过来的人，很少主动去接触新事物。参加“党史”微课制作大赛，让我在几个晚上的查阅资料中理清了很多有关党的发展历史，了解了近代史的很多知识，在以后的德育渗透课上更有底气。参加“我会收纳”的市级劳动展示课时，为了给孩子们更专业的引导，备课过程中我观看了上百个收纳小视频，这让我对收纳产生了浓厚的兴趣，孩子们也因此埋下一颗爱好收纳的种子。准备“请到我的家乡来”

一课，为了应对学生课堂中提出的各种问题，几个晚上我都在钻研中国各个城市的历史文化，让我真正爱上了中国地理，也带孩子们更多地了解了自己和他人的家乡。

作为数学老师，未来我可能还是要将更多的精力投入数学方面的专业学习，但是这一年的钻研，这些体验，让我对生活的认识和感悟产生很大的影响。英雄之旅的第三个挑战带给我的是自我学习能力的提升。

6月，作为浪花节的执行校长，我感知到组织策划一项工作的不易，从这次组织活动中，我总结出做任何工作都要做到三步：第一，计划前对话。活动是出于达成提高学生各科学习的积极性，提高期末成绩，所以做计划前要与工作伙伴对话，积极听取别人的意见和建议。第二，工作中调整。工作计划不能一成不变，工作过程中的及时调整对完成一项工作非常有必要。第三，完成后总结。工作要有时效性就必须及时总结，一个月的浪花节，我基本上一周一总结，及时总结工作的进展的同时，让接下来做事情更具目标性。

参加珠海市香洲区第二届命题比赛时，我通过查阅大量的命题方法，让我明白出一份高质量的测试题，需要把握科学性、有效性、教育性、实践性、创新性的原则。星光不负赶路人，这次命题比赛取得“一等奖”的好成绩，这让我对命题有了独到的见解和自信。英雄之旅的这第四个挑战带给我的是专业综合素养的提升。

除了成长，这一年，我还感受了太多的温暖。在我课题申报写不下去的时候，余校长亲自指导，最终课题“‘有痕数学校本课程群’开发与实施的实践研究”在珠海市香洲区教育科学“十四五”规划2021年度课题研究项目中立项；期末考前的一周工作量非常大，丽君主任天天跑上来关心我们四个人需不需要帮忙；文岑老师帮忙布置考室，贴考号，小王老师也来帮了不少忙；同级组的迪怡、艾雯、淑婷虽然年纪小，但是总能话语暖我心；两个班的家长和孩子给了我许多的支持和感动；报账工作忙不过来，会计莲姐也给了我太多的帮助……

很感谢，来到潮联，让我遇见温暖的大家，让我遇见了更好的自己。心归零，路如一，未来的日子，我会继续砥砺前行，在自我管理和工作提升上继续美丽修行。

合唱里的和谐与美

口述人：谢 芳

其实我是一个非常不愿意折腾的人，这次为了更好地照顾家庭，我主动申请调来潮联学校，几经波折而如愿，感谢潮联这个大家庭接纳了我！

我找回了我的老本行——合唱教学，在创校第二年的潮联学校带起一支最年幼的合唱团。第一次参赛，心性要强的我选了一首超高难度的歌曲，带着刚成立两个月的小朋友上台，竟然闯进香洲区前十强，挺进决赛。虽然最后只获得了一枚银奖，但却非常宝贵。

很高兴与各位同事分享我的合唱教学之路。我心中的合唱是绚丽而震慑人心的，也是宁静而柔美动听的，非常庆幸的是我无论走在人生的哪个阶段，都有美妙的和声伴随。和谐的旋律穿梭在不同的时空，今天在这里回忆那些美好，也铭记那些珍惜。

1996年我怀揣特区的梦想来到珠海，参加了刚刚成立的珠海市教师合唱团。通过几年排演熏陶，热爱合唱的种子在心中萌芽，去北京、台湾参加全国合唱比赛后，1998年我创立了自己的第一支合唱团——珠海市教育学院附小合唱团。这么多年过去了，我的教学效果从最初的虚声、大白声、大齐唱、跟着钢琴伴奏都一个劲儿地跑调，到如今已经发生了翻天覆地的变化：发声方法越来越科学、演唱风格越来越多样、曲目越来越丰富、演唱更富表现力，我跟随着我的团队一起成长起来，其间付出的艰辛劳动也得到了丰厚的回报。

谢芳老师讲述自己对合唱指挥工作的热爱

我从2007年开始带领十一小合唱团参加各种国内外的比赛。记得当年在澳门参加“金莲花”国际合唱节，当时三十几岁的我挺着六个多月的大肚子在台上指挥，评委都在下面为我捏一把汗，我一举拿下第一名的好成绩。正因为如此坚持，近十年来在省市合唱比赛中屡获金奖：2011年崭露头角，带领香洲区第十一小合唱团参加广东省第一届中小学生合唱比赛荣获一等奖；2014年到广州参加广东省第二届中小学生合唱比赛荣获一等奖；2015年指挥合唱《我心歌唱》《落雨大》获广东省第五届中小学生艺术展演一等奖（全省仅十名）；2018年指挥香洲一小合唱团参加广东省第六届中小学生艺术展演获得一等奖。相比高手如林的各个发达地市的合唱团，我们毫不逊色，在合唱团每个孩子心中都绽放出和谐而美丽的花朵。

回头想想，这些成绩的取得一个非常重要的因素是得益于广东这个大环境，得益于请进来、走出去的合唱大咖们，包括曹丁、娅伦·格日勒、苏严惠、王军、邓卓锐等，在给他们当助理期间，不仅学会了专业的指挥技巧，还学会了如何创造和谐美好的氛围，这不正是当今社会最提倡的吗？多年来我一直担任香洲区教师合唱团的组织及指挥工作，指挥教师合唱团参加历届的香洲区教师节、新年文艺会演、香洲区干部职工合唱比赛等，合唱团成为香洲一张亮丽的名片。除此之外，我还参加省内外的指挥培训十余次，只要有机会，就一定走出去学习先进的合唱理念。基本每年我都自费去深圳观摩合唱季的比赛，因为那里有全国最顶尖的技术、最前沿的合唱曲目，令我眼界大开，我在学习中也有了更高层次的追求，在合唱的和谐与美中收获快乐和享受、启迪和思考。

我带过的十几批合唱团近6000名学生中，最特殊的要数我们潮联学校的孩子了，他们不过才七八岁，在珠海的小学里还从来没人敢挑战这么小年龄段的孩子合唱团，老实说我也犹豫过，歌唱中最难的呼吸、发声、真假声如何转换，不到两个月的排练时间要学会一首英文歌曲，想想简直是天方夜谭。这些摆在我面前的难题被余校的一句话迎刃而解，余校说："先把队伍拉起来，我们排练又不是为了比赛，不要有任何的压力。"我一下子如释重负，马上放平心态工作起来。每天早上7点20分到校，陪孩子们跑步锻炼肺活量。成立微信群，让60个孩子每天在群里打卡自己的声部，我从歌唱方法、发音吐字到如何改进等方面逐一点评，我的专业精神和鼓励的话语受到了家长们的一致好评。排练时我也都使用一些形象生动的语言，让他们易于理解、通俗易懂，幽默而风趣的语言创造一个轻松和谐的排练氛围。慢慢地孩子们在美妙的和声里徜徉，享受着这和谐之美，同时分流出结实的、纤细的、通透的、纯净的、宽厚的不同音色，不拘一格，耳不暇接，渐渐地合唱成为他们生活的一部分。一个多月后，神奇的事情发生了，孩子们居然可以三声部合唱了，美妙的歌声把余校吸引来了，一番鼓励的话让我们每个人都热血沸腾，于是，在余校的大力支持下，我们做了漂亮的演出服，准备参加比赛。说实话，我不太有信心，只是想拉出去亮亮相而已，当时自己又在忙让人掉几层皮的评职称资料，没想到意外地进入了前九强的决赛队伍。为了追求更好的视听效果，我们又加入各种表演形式，孩子们手之舞之、足之蹈之，各种不同的形体动作更形象、更生动地把作品的内涵表达得淋漓尽致，他们的动作和歌唱表演浑然天成、协调统一，给人极强的艺术感染力。虽然只获得了银奖——我合唱职业生涯里的第一个银奖，但我会为了这和谐美妙的歌声一直走下去。

因为2022年有全国教育部第七届中小学生艺术展演，从省到市，再到区里，至上而下都非常重视这个每三年一届的活动，所以本学期又迎来了少儿花会。这次我们没有退缩，总结经验，重整旗鼓，排练之后第一次踏上了华发中演莫扎特厅的舞台，在舞台上孩子们绽放出异样的光彩，我们的歌声震撼了所有在场的观众，第一次站在了最高领奖台上，孩子们的心里别提有多激动了！更值得一提的是，在市赛的舞台上，来的都是省里的评委，根据惯例，95分以上的佼佼者才能获得金奖，孩子们没有半点的怯场，即使中途出现意外，但他们丝毫不露破绽，我打心底里佩服这些孩子，最后我们获得了这枚难能可贵的金牌，省里评委们也充分肯定我们的科学训练方法，小小的身体居然能发出大大的能量，太不容易了，还纷纷介绍他们的老师来观摩我们排练，因为疫情原因，我都婉言拒绝了他们。

接下来是省赛，那可是全省顶尖的合唱团队会聚在一起的一场较量，之前带领十一小、一小分别获得第五届、第六届艺术展演合唱类一等奖，希望这次也能延续之前的好运，再次站在最高领奖台上面，开启我们潮联湧静合唱团的光辉篇章。

一年的努力，收获也是满满的，在此，非常感谢余校和谢校，丽君主任、丽华主任、周主任和马主任，感谢我的晨晨级长和桃花岛的每一位老师，最要感谢的一位是登组，每当我彷徨的时候，都有你暖心的话语直击心灵。我不会停下追逐梦想的脚步，如今我的排练已经进入了一个良性循环，我有很多事情想做，还有很长的路要走，要多开展交流，互相观摩，从多条渠道入手，给合唱创造条件，继续传承这种和谐与美。

团队感召向前行

口述人：奚晨晨

时间过得真快，眨眼间一年过去了。2021年7月我在文潮书院做新雁入群的就职演讲，2022年7月我就在“节气厨房”进行英雄之旅的故事分享了。

活力之源

2011年12月，香洲区教育局在南京举行的教师招聘考试中，我有幸成为香洲教育的一员，此后分到香洲七小工作。一个偶然的机会学习到余志君校长的活力教育理念，了解到活力教育旨在让教育激发生命活力。活力教育以爱为核心，培养人的健康力、学习力、思想力、行动力、创造力，实现个体全面而有个性的发展，生成有活力的人。从小比较听话的我，感觉自己不够有活力，创造力欠佳，听了余校长的讲话，感觉自己找到了教育的真谛，顿时产生了向往之心，向往余校长带领的富有朝气、充满童趣的活力校园，向往鼓励探索、强调对话、富有趣味的活力空间，向往多样化、可选择、活动式、全开放的活力课程，向往以种子信仰唤醒的活力教师团队，向往信息技术高度融合、信息化应用深度整合、信息终端广泛感知地迎接新时代的智慧校园。

工作九年后，也就是2021年7月，我非常幸运地来到了余校长建设的新学校——潮联学校，成为开展活力教育的一员。新雁入群就职演讲，大潮之声主旨报告，烽火传讯部门报告，沙场点兵岗位安排……经历一天紧张的见面培训，我接受了任教一年级数学、道德与法治并同时担任一年级组长的工作，从此，便开启了潮联英雄之旅。

奚晨晨老师带领孩子们在“食物花园”劳动

探险之旅

潮联学校在余校长的带领下，团结奋进，富有活力，探险路上我收获了很多令人欣喜的第一次。如，第一次看到业务繁忙的校长亲自上阵，手把手教老师备课、上课，余校长是一位接地气的好校长！没有校长的脾气，只有校长的样子：听课、备课、讲课、座谈、报告……生活的点点滴滴，让我对余校长打心底里佩服、崇拜。人生第一次享受学校给每一位老师拍摄精美的职业照。第一次感受校园里的田园风光，校园里有杨梅树、枇杷树、柠檬树、桑葚树，我们伴着花果树从发芽长叶到开花结果，亲自采摘感受收获的喜悦，每次回想都美滋滋的。我第一次和同事们一起开垦荒地，原生态移植树木。第一次做木工，自己制作种植箱，真正体验了劳动创造美好，劳动创造幸福……

潮联学校是新学校，学校事务多，教师人手少。探险路上，第一次同时看管两个班或几个班也是常有的事儿。回想那时忐忑紧张的状态，还历历在目。一年级组教师多数都是跟我一样，初来乍到，在潮联学校的一切都是新的。其中，有两位刚分配来的应届毕业生做班主任，他们每周五下午都要去参加区统一组织的新教师培训。一年级的孩子以自我为中心，活泼好动，情绪变化无常，行为缺乏目的性，注意力不稳定、不集中，不善于使自己的思维活动服从于一定的目的任务，容易受不相干的事物吸引而分散注意，以致离开原有的目的任务。可想而知，当班主任“不在家”的时候，这些小萌娃是什么状态。还清晰地记得，每当两位新教师出去培训，我的心里像揣着一只兔子七上八下地跳个不停，生怕出现这样或那样的事情，所以，我会提前到达两个班级，带领班级学生干部，组织好学生的学习，有序安排走班课程（创想家课程），指导孩子整理书包，监督孩子做眼保健操，开展阳光体育活动，看管学生值日工作，直到每一个孩子都离开校园我才会松下一口气。

我任教的班级有一个自理能力特别差、注意力非常不集中、完全不听指挥的孩子小L，为了他我第一次坚持做到了每天与家长无缝对接。有时候是在送孩子放学时，同家长聊一聊孩子在校一天的情况，有时候是通过手机向家长汇报孩子的学习生活状态，一起发现问题，寻找办法，不断尝试，解决问题。从起初的上课时间在地上打滚，到后来能坐在椅子上听课；从起初的下课不懂去洗手间，以致经常拉在裤子里，到后来不再打电话让家长来送换洗的衣服；从起初的路队自己成一队，与班级格格不入，到后来也能跟其他同学一起排出一条整齐的队伍；从起初的经常满地都是小L的学习资料，到后来同学捡到东西不再叫小L的名字；从起初的同学背书包排队放学，而小L的书包还在书包柜安静地熟睡，到后来他也能把自己的物品提前装进书包，和好朋友同时放学；从起初的上课不懂做好课前准备，到后来也能自己拿出铅笔、橡皮和直尺准备上课；从起初的经常用舌头舔桌椅，用牙齿咬书本、文具等物品，到后来只是偶尔会咬一下直尺；从起初他所有的学习资料被画得天马行空一团糟，到后来偶尔画一下会自己有意识地擦掉；从起初完全不懂交作业，满书包找不到他的作业本，到后来可以把作业放在自己桌面；从起初的单元训练卷大片空白，完全不动笔，到后来能够把试卷写到80多分；从起初老师跟他谈话，他会以捏嘴或堵耳朵的方式进行反抗，到后来能对视着老师说“嗯！知道了！”。回想孩子的点滴进步，我想，付出终有回报，所有的努力都是值得的，虽然，本次期末测试他依然是班级最后一名，但相比他自己已是质的飞跃。我会一如既往，继续进行改变小L的探险之旅。

在这一年里我更加深刻地体会到了做老师的充实和快乐，我决心把自己的青春倾注于我所钟爱的教育事业，倾注于每一个学生身上。因为，我第一次感受到潮联团队“雁行千里排成行，团结协作齐飞翔”的强大力量。即使我是刚刚晋升的“二胎宝妈”，还有一个刚上一年级的娃，我也要做到迎难而上，永远不能掉队。

高光时刻

一年来，我在团队的感召下，不断调整，不断学习，不断尝试，挑战自己，成就自己，迎来了自己的高光时刻。

1. 我和我们班的孩子都交上了好朋友，课堂教学是教师安身立命之根本，本学年两次数学期末检测成绩稳居年级前列，同兄弟学校对比，成绩相对满意。

2. 2020年11月26日，主持珠海市课题“核心素养理念下小学数学课外作业设计的研究”开题。

3. 2020年12月，指导学生李若溪撰写科学论文《媒染剂对植物染影响的探秘》在珠海市青少年科技创新大赛中获三等奖。

4. 作为珠海市郭永华名师工作室成员，2021年1—2月，利用寒假查阅了大量文献，撰写两万六千字以“深度学习”理念为指导的学术论文《小学数学基于深度学习的主题式教学设计探究》。

5. 2021年1月，参与编写《小学数学教学参考》一书，负责第11章的撰写。

6. 2021年3月，案例《“草木锤染活色生香”主题队日活动》在第十二届“飞扬的红领巾”主题队日展示中获省一等奖。

7. 2021年5月，在“2020年香洲区小学数学教师命题竞赛活动”中获三等奖。

8. 2021年6月，执教一节校级党史教育课“童心礼赞百年，筑梦前行向党”，课例在香洲区2021年中小学党史教育优质课例比赛中获一等奖。

9. 2021年6月，指导学生李若溪的作品《花儿向阳童心向党》，在珠海市庆祝中国共产党成立100周年“童心向党——青少年儿童绘画征集大赛”中荣获最佳人气奖和入围奖，获奖金600元。本作品展览在板樟山慢行隧道“永远跟党走——珠海千米红色主题长廊”童心向党绘华章展区。

10. 论文《如何在小学数学教学中渗透劳动教育——以“认识人民币”为例》在2021年7月发表于杂志《天府数学》2021年第18期。

11. 2021年7月，劳动教育单元主题教学设计和学科作业渗透劳动教育案例入选为珠海市2021年劳动教育首批优秀成果。

12. 2020年10月，学校教学评估中，执教一节校级公开课“认识图形”，获得一致好评。

13. 2020年12月，为万山小学和桂山小学执教一节线上协同课“位置”复习课，获得专家的认可。

14. 2021年5月，录制了一节香洲区微课程：“认识图形（一）”，下学年继续参与其中。

15. 2021年6月，执教一节校级党史教育示范课：“童心礼赞百年，筑梦前行向党”。

16. 2020年12月，在平沙实验小学名校长工作站开展的“立德树人”专题教研活动中做微讲座“小小浪花我来啦——一年级入学课程开发与实施”。本讲座内容同时在汕头市潮阳地区的校长跟岗学习活动中和华昌小学“结对帮扶教研周”活动中分享。

17. 2021年6月，执教珠海市劳动教育渗透课“认识人民币”复习课，获得好评。珠海市2021年中小学教师暑期全员培训（劳动教育），作为主讲嘉宾向全市教师进行劳动教育课程教学分享。

这一年我和我们的一年级团队都在快速成长，从起初的全新状态，教师手忙脚乱，学生毫无秩序，到后来的井然有序；从上学期冷色背景需要静下来好好反思的教学成绩的总结反思，到这学期暖色背景略带喜悦的教学成绩分享汇报；从起初“这老师教我孩子教得怎么样”家长试探性的眼光，到期末成绩出来后“呼吁老师们要继续带孩子读二年级，带到毕业不要换老师”的家长的肯定与认可。这一年我们一年级拼了，这些所有的人和事都见证了我们的成长。

奋勇向前

这一年，我在专业领域不断成长的同时，也在努力尝试寻找非专业的种子，融入校本特色，成为余校称赞的“跨界高手”。感谢余校长，是您的智慧引领，是您让我们沐浴着荣光，是您让我看到不一样的自

潮联春早，活力永在

己。感谢我们优秀的潮联团队，我将会跟随优秀大军继续砥砺前行。新加入潮联的战友们，相信你的选择，一年以后你会看到不一样的让你惊喜的你自己！潮起、磨剑、劲歌，让我们共同携手，一路高歌，奋勇向前，共创潮联美好的明天！